일곱 살 파랑이는 왜
기저귀를 떼지 못했을까?

일곱 살 파랑이는 왜 기저귀를 떼지 못했을까?

발행일 초판 1쇄 발행 2023년 4월 5일 | **지은이** 박정혜 | **펴낸이** 최현선 | **펴낸곳** 리커버리 |
주소 경기도 시흥시 배곧4로 32-28, 206호 (그랜드프라자) | **전화** 070-7818-4108 |
이메일 recovery_a@daum.net

ISBN 979-11-982606-0-4(03370) | Copyright ⓒ박정혜, 2023

 회복을 위한 책의 모든 것, 리커버리

일곱 살 파랑이는 왜
기저귀를 떼지 못했을까?

박정혜 지음

일러두기

*** 심상 시치료: 심상 시치료(Simsang-Poetry-Therapy)는 통합 예술·문화 치유로 감성과 감수성의 힘으로 마음의 회복과 성장, 성찰과 통찰을 함으로써 궁극적으로 영혼을 치유하는 것을 목적으로 하며, 2011년부터 학계에서 공식 인정을 받았으며, 계속 발전하고 성장하는 정신·심리치료이다.

*** 파랑이 이야기에 덧붙이는 글: 파랑이의 심상 시치료는 음악치료사인 티나 선생님의 도움이 없었다면 이뤄질 수 없었음을 이 이 자리를 빌려 밝힌다. 온 마음을 다해 집중해서 파랑이를 흥미와 재미, 교훈을 담아 이끌어준 티나 선생님께 진정 어린 감사의 마음을 남긴다.

이 글에 나오는 인물들은 심상 시치료 프로그램에 직접 참여하였으며 본문의 내용은 사실에 근거하여 진솔하게 기록하였습니다. 참여자들의 동의를 얻어 책으로 엮었으며, 이름은 가명을 사용하였습니다. 참여자들을 보호하기 위해 개인적 상황은 다소 각색하였으나 모두 사실임을 밝힙니다.

빛을 향해 걸어가는 마음여행 기록지

마음속 내면의 빛을 찾은 치료사가 있습니다. 그녀 역시 과거 어둠의 시절에 갇혀 지낸 적이 있습니다. 어둠 속 두려움과 고통을 아프게 경험했기에 삶의 어둠에 갇혀 고통 받고 있는 사람들의 마음을 누구보다 잘 이해합니다. 그는 어둠 속 두려움에 갇히지 않았고 마침내 마음속 깊은 곳에 항상 빛나고 있었던 치유의 빛을 발견하였습니다. 기쁨과 감사와 감격의 순간이었겠지요. 시인과 소설가였고, 간호사와 문학치료학 박사였던 그는 '심상 시치료'라는 통합적 치료 방법을 창안하여 내면의 빛을 찾도록 도와주는 심상 시치료사, 내면의 빛 탐색자요 안내자로서의 소명을 감당하고 있습니다.

《일곱 살 파랑이는 왜 기저귀를 떼지 못했을까?》는 파랑이네 온 가족이 함께 떠난 마음속 여행 기록입니다. 개인치료, 부부치료, 가족치료 등을 통합하였고, 음악, 독서, 미술, 명상, 은유, 무용동작 치료매체까지 통합적으로 활용하여 고통 속 파랑이네 가족을 빛으로 안내한 이야기입니다. 파랑이네 가족의 마음여행은 값비싼 세계 일주 여행보다 훨씬 더 큰 행복과 즐거움, 삶의 의미와 가치를 선사했을 것입니다.

　삶의 어둠에 갇혀계신 분들, 마음속 빛을 찾고 싶은 분들, 심리치료와 상담을 하고 계신 분들에게 적극 추천하고 싶은 책입니다. 마음여행 기록을 보는 분들도 파랑이 가족들과 같이 내면 깊이 감춰져 있는 빛을 찾는 기쁨과 평화를 누리시길 바랍니다.

김춘경(경북대학교 생활과학대학 학장 & 대한문학치료학회 학회장)

또 다른 내면의 나를 찾아서

인간의 마음은 우주와 같이 무궁합니다. 누구도 마음을 완벽하게 탐험할 수는 없습니다. 다만 짐작하고 더듬어갈 뿐입니다. 그렇지만 터널을 통과하면서 끝에 다다를 즈음 빛이 쏟아지는 것처럼 어느 순간 깨닫게 됩니다. 터널 안에서는 참으로 아득하기 이를 데가 없습니다. 그런 어둠을 헤치고 나갈 손을 내민 든든한 치료사가 있습니다. 그가 만든 '심상 시치료'라는 독특한 치료 방식으로 파랑이와 가족들은 여행을 떠났습니다. 함께 걸음을 옮기던 이들은 마침내 하나의 터널을 통과했습니다.

이 책은 삶의 무수한 여행 중에서 특히 지난한 여행 경험을 담은 흥미진진한 기록지입니다. 파랑이의 기저귀가 모든 문제의 중심인 것 같았지만, 여행하면서 가족들은 깨닫습니다. 기저귀는 드러난 문제일 뿐 사실은 가족 모두의 마음에 숨겨진 빛을 발견하기 위한 훌륭한 도구였다는 사실을요. 단순히 기저귀를 떼지 못한 아이에 대한 심리 치유 기록을 넘어 훨씬 더 많은 부분에서 감동을 주는 책입니다. 그리하여 책에서 만나는 인물들은 이 글을 읽는 분들의 또 다른 내면의 나일 수 있습니다. 진솔한 마음 여행기를 통해 미처 알지 못했던 내 마음도 함께 탐험하고 싶은 분한테 안성맞춤인 책입니다.

부디 기저귀를 제때 떼지 못해 고민하는 부모님들부터 자녀 양육에 대해 깊이 고민하는 부모님들까지 널리 읽히기를 바랍니다. 더불어 전인격 치유에 대해 깊이 고민하는 상담사들에게도 반드시 읽어볼 것을 권합니다. 자 그럼, 책장을 열고 마음 여행을 떠나볼까요?

천영훈(인천 참사랑병원장, 정신건강의학과 전문의)

들어가는 글

생활이 편리해졌지만, 삶이 편해진 것은 아닙니다. 문명이 발달했지만, 마음이 발달한 것도 아닙니다. 초고속 연결과 인공지능의 발달이 가속화되지만, 인간끼리의 소통과 지혜가 그렇게 되는 것은 아닙니다. 오히려 그 반대가 되지요. 갈수록 마음이 아프고 힘들고 지쳐가는 이들이 많아지고 있습니다.

한 세기 전만 해도 이러지는 않았습니다. 마음과 정신의 문제가 지금처럼 심각하지는 않았습니다. 생업에 매달리느라 제대로 돌볼 시간이 부족했지만, 아이들은 쑥쑥 잘도 자랐습니다. 산과 들의 꽃과 풀들이 엄마의 품처럼 아이들을 자라나게 했을지도 모릅니다. 돌멩이와 사금파리에 담기던 햇살이 아이들을 키웠는지도 모릅니다. 아침과 저녁나절의 노을이 아이들의 머리를 쓰다듬어 주었는지도 모릅니다.

지금 아이들은 아이들대로 어른들은 또 어른들대로 아프고 쓰라리고 지치기만 합니다. 자연 속에서 자연의 에너지를 받을 틈도 없습니다. 고작해야 복잡한 머릿속을 비우려고 핸드폰을 꺼내 들곤 합니다. 아이들을 달래거나 돌볼 겨를을 내는 것은 참으로 힘듭니다. 생활에 치여서 어른도 아이도 힘이 빠지게 됩니다. 그러다가 어느 순간, 덜컥 눈에 띄는 일이 벌어지고 말지요. 억지로 참고 견디면서 아닌 척하는 어른이 아닙니다. 대개는 아이들의 문제 증상이 드러나기 시작하지요. 그러면 어른들은 초비상이 되고 맙니다. 하루빨리 아이가 가진 문제가 깔끔하게 없어지기를 바라게 되지요.

사실, 아이는 신호를 보낸 것입니다. 가족 구성원 모두 함께 자기 자신을 알아차리고 슬기롭게 극복하고 성장하자는 신호이지요. 이 신호를 무시하게 되면, 아이의 문제는 점점 덩치를 키우게 됩니다. 단지 아이의 문제일 뿐이라서 어른은 심리센터든, 아동발달센터든, 소아정신과든 돈만 내면 된다고 생각할수록 아이의 문제는 진화를 거듭하게 됩니다.

혹은 이렇게 생각할 수도 있겠지요. '우리 아이는 다만 느리게 배울 뿐이야, 느린 게 잘못된 것은 아니야. 그저 꾸준히 인내심을 가지고 기다리면 모든 것이 다 잘될 거야.' 그것 또한, 신호를 무시하는 대표적인 행위입니다. 문제를 문제로 인식하지 않으려고 하는 것, 그렇게 회피하는 것이야말로 더 큰 불행을 낳게 되지요.

들어가는 글

신호를 알아차리는 것은 어렵지 않습니다. 그것은 아이의 문제 증상이나 언행은 어느 날 갑자기, 오로지 외부에서 영향을 받은 것이 아니라는 것을 깨닫는 데 있습니다. 어른들이 자신을 들여다보고 성찰과 통찰을 온전하게 해나가면, 아이들은 좋아질 수밖에 없습니다. 신호를 알아차리는 것은 그래서 어렵습니다. 쉽지만 어려운 이유는 어른은 좀체 자기 자신을 보려고 하지 않아서 그렇습니다. "그럼, 아이의 문제가 순전히 부모 탓이란 말인가?"라는 언짢고 부정하고 싶은 마음이 들기에 아예 자신을 들여다보려 하지 않게 되지요.

아이의 문제는 어른의 문제라고 닦달하려는 것이 아닙니다. 아이의 문제는 '신호'입니다. 아이와 더불어 어른도 함께 성장하자는 신호이지요. 그 신호를 옳게 잘 받아들이면 내면 성장의 기회를 만나게 되고 자연스럽게 '치유'가 일어나게 됩니다.

파랑이도 그렇습니다. 일곱 살이 되었지만, 대소변을 가리지 못한 문제를 안고 있었습니다. 부모는 그 신호를 무시한 채 '될 대로 되겠지' '우리 아이는 좀 늦게 발달하나 보다'하고 지내왔습니다. 그러는 동안 결정적인 황금 시기를 놓치게 되고 말았습니다. 소아정신과에 가면 대번에 발달장애라고 판정받게 되겠지요. 관련된 기관 어느 곳을 가더라도 아이한테만 집중해서 관찰하고 여러 자극을 주면서 시간을 보내겠지요. 아이의 문제 증상이 '신호'라는 것을 포착만 해도 치유 쪽으로 몸을 돌릴 수 있습니다. 도무지 자신을 바라보지 않으려고 거부하는 부모를 설득해서 내면을 바라보게만 해도 치유의 걸음을 내디딜 수가 있습니다.

　신호를 보내오는 아이들이 점점 늘어나고 있습니다. 함께 손을 잡고 마음이 성장하기를 원하는 아주 기막힌 기회이지요. 부디, 이 신호를 무시하지 마시기를 바랍니다. 가장 예민하고 가장 순수한 영혼인 아이한테 보내오는 신호니까요. 우리가 미처 깨닫지 못한 곳에서 우리를 성장시키려는 아름다운 목적을 가진 신호니까요. 파랑이 이야기가 이 신호를 알아차릴 수 있는 멋진 울림이 되었으면 좋겠습니다.

　이 책은 아이의 문제를 두고 이맛살을 찌푸리고 팔짱을 낀 어른을 가다듬게 합니다. 숙연한 자세로 팔을 앞으로 모으고 있다가 마침내 아이를 향해 양팔을 활짝 벌리게 하는 이야기입니다. 이 책을 읽다 보면 문제 속에 답이 있다는 놀라운 사실을 알아차리게 될 겁니다.

2023년 3월
박정혜

목차

프롤로그

기저귀를 한 일곱 살

파랑이 이야기

"이러다 학교도 못 들어가겠어요."

얼굴을 찌푸린 채 아이 아빠가 말했다. 아까부터 만지작거리던 커피잔으로 눈을 떨구었다.

"여덟 살이 되면 가린다고 했잖아요. 전 믿어요. 제 아이 말을 믿지 않고…… 누구 말을 믿…… 겠어요……."

정색하며 아이 엄마가 말했다. 눈에 힘이 들어 있었지만, 작은 목소리였다. 끝말을 알아듣지 못할 정도였다.

"기저귀하고 있는 것 말고는 별다른 이상이 없어요."

아이 엄마는 기저귀가 질 나쁜 친구라도 되는 듯 덧붙였다. 만사가 그놈의 기저귀 때문이다. 기저귀만 졸업하면 아무 문제가 없는 아이라는 것이다.

파랑이는 일곱 살이다. 아이는 대소변을 가리지 못한다. 부모는 심리치료 센터에 방문하는 것을 망설였다. 조금만 지나면 나아지고 괜찮아질 거라고 여겼기 때문이었다. 아이는 대소변 가리기를 극구 거부하고 훈련의 낌새만 보여도 크게 울었다. 그러다 보니 대소변을 가릴 엄두도 낼 수 없었다.

어른이든 아이든 어떠한 행동이 이상을 보일 때, 그 행동이 나타나기까지의 무수한 과정들이 얽혀 있다. 눈에 보이는 것은 하나로 나타나지만, 심리적 양상들은 단순하지가 않다. 취학을 앞둔 아이가 기저귀를 떼지 못한 것은 치명적이다. 앞으로 어떤 문제가 펼쳐질 것인지 뻔할 노릇이다. 하체의 앞과 뒤가 불룩 튀어나온 채 누가 봐도 기저귀를 한 차림으로 교실에 앉아있다는 건 분명 상식 밖의 모습이다. 도대체 언제부터 어디에서부터 순리에 거스르게 된 것일까? 잘못된 근원지를 알아낼 수만 있다면, 행동은 곧바로 수정되는 것일까?

파랑이는 3개월 전쯤, 아빠와 놀이를 하다가 문득 이렇게 말했다고 했다.

"지금은 일곱 살이니까 그렇지, 여덟 살이 되면 안 할 거야!"

이 말에 부모는 손뼉을 치며 칭찬했다. 아이 엄마는 아이의 말을 철석같이 믿었다. 하지만 어떻게? 갑자기 기적이라도 일어난다는 것인가? 백번 양보해서 아이가 여덟 살이 되어도 여전하다면, 어쩔 수 없지 않은가. 차라리 학교를 보내지 않는 게 맞을 것 같다. 이렇게 불안한 앞날의 가닥을 잡고 있을 뿐이었다. 부모는 답답했지만, 속절없이 여덟 살을 기다려보는 수밖에 없었다. 그러다가 지푸라기라도 잡는 심정으로 심상 시치료 센터로 찾아온 것이다.

대개 생후 18개월에서 30개월 사이에 대소변 가리기가 이뤄진다. 다른 발육이 정상이라면, 아무리 늦더라도 네 살 이전에는 기저귀를 떼기 마련이다. 아이는 변기에 앉히려고 하면 발악하듯이 울었다. 떼를 쓰면서 울기도 하지만, 그래도 억지로 다잡으면 경기하듯이 기절하기도 했다. 과도한 아이의 반응에 대소변 가리기를 연습할 수 없을 지경이었다. 커갈수록 기저귀는 불편하기 짝이 없었다. 아이나 부모 모두 오랫동안 곤욕을 치르고 있었다. 게다가 아이는 심각한 변비에 시달리고 있었다. 엉덩이에 변이 묻어나는 불쾌한 감각이 이어지자 아예 변을 참게 된 것이다. 그게 버릇이 되어 자연스럽고 시원하게 변을 볼 수 없었다. 그래서 2년 가까이 비싼 한약을 달여 먹었다. 변비에 좋은 한약을 구하기 위해 아이 엄마는 왕복, 4시간이 걸리는 먼 곳까지 가서 한약을 지어오곤 했다. 그렇지만 당연하게도 아이의 변비는 나아질 기미가 없었다. 그 후로는 한 달에 한 번씩 관장을 하러 내과에 갔다. 그것도 쉬운 일이 아니었다. 병원 계단 입구에서 아이는 자지러지듯 울더라는 것이다. 관장 기구가 항

문을 쑤셔 들어오는 그 느낌은 또 얼마나 참혹했을까. 이런 악순환의 상황 속에 부모와 아이는 함께 갇혀 있었다. 적극적으로 배변 훈련을 하지 않은 이유는 '여덟 살'이라는 함정 속에도 있다.

"억지로 할 수는 없잖아요. 아이가 하지 않겠다는데…… 그렇지만, 이런 말을 해요. 내가 여덟 살이 되면 알아서 가릴 거라고. 그 말을 여러 번 했어요."

아이 엄마는 아이의 말을 절대적으로 믿고 있었다. 아이 엄마에게 아이는 특별한 존재였다. 모든 엄마한테 그렇긴 하지만, 유독 남달랐다. 아이를 낳기 전에 태몽을 꿨다. 아주 총명하고 건강한 일곱 살쯤 되어 보이는 사내아이가 뛰어놀더라고 했다. 자신의 이름은 '파랑'이라고 또렷하게 말했다고 한다. 아이 엄마는 파랑이가 신비한 능력을 가졌다고 믿었다. 아직은 어려서 그것이 무엇인지도 모르고, 잘 나타나지 않을 뿐인 것이다. 자신의 이름을 알고 태어난 아이. 특출나게 고귀한 아이. 소심한 엄마의 마음마저 단단하게 챙겨줄 아이. 그렇지만 지금은 대소변을 가리지 못하는 아이. 아이 엄마의 말대로 여덟 살이 되는 날 아침에 기적처럼 대소변을 가리게 될까?

아이 엄마는 치료할 생각을 별로 하지 않았다고 했다. 아이가 한다면 할 거라고 막연하게 기다려온 것이다. 그렇게 아이 말을 확신하고 있다면, 학교에 가는 것은 왜 망설이고 있는 걸까? 그렇게 물어보니 혹시라도 안될 수도 있을 거니까 그렇다고 했다. 그렇게 본다면, '여덟 살'에 기저귀를 떼겠다는 아이의 말을 백 퍼센트 믿는 것도 아니었다. 아이 엄마가 가진 불확실하고 애매한 사고는 언제부터였을까?

본격적으로 아이를 만나기 전, 아이 아빠를 먼저 만났다. 아이 엄마는 오랫동안 우울증을 겪어왔다고 한다. 아직 아이일 무렵 자살한 엄마. 그리고 나서 얼마 되지 않아 아빠가 재혼한 후 새로운 엄마와 함께 살았다. 이십 대 대부분을 두문불출한 채 방에서만 지냈다. 주로 독서를 하면서 지내다가 이십 대 후반에 이르러서야 아르바이트를 시작했다. 어느 날, 우연히 산책하다가 버스킹을 하던 남자와 대화를 나누게 되었다. 그렇게 만난 지 일 년 만에 결혼했다. "당신만이 나를 살릴 수 있어요!"라는 아내의 말이 결정적이었다. 우울이라는 구렁텅이에서 빠져나가고 싶다는 간절한 바람이 결혼으로 이어진 셈이었다. 아내는 정신건강의학과 병원에 가지는 않았지만, 스스로 만성 우울증이라는 사실을 알고 있었다. 매사에 의욕이 없고 무얼 해야 좋을지 결정할 수 없었다. 자주 서글퍼지고 속으로 늘 울고 있다고 했다. 아이 아빠는 아이의 증상이 아내의 우울증 탓이라고 여기는 듯했다. 아이와 늘 붙어있는 것은 아내이므로 아이가 영향을 받았을 거라는 것이다.

그녀에게 확고한 신념과 의지는 다른 세계의 것이었다. 그 무엇 하나 뚜렷하지 않았다. 그러니 아이가 하자는 대로 그저 막연하게 기다릴 수밖에 없었을 것이다. 한숨을 쉬면서도 다 큰 아이의 기저 귀를 갈아 왔다. 매번 인터넷으로 특대형 기저귀를 주문하면서 얼 마나 절망이 가득했을까. 변비 때문에 잠 못 들며 세차게 울어대는 아이를 붙잡고 얼마나 울었을까. 여덟 살을 희망의 유일한 단서로 삼고는 무조건 기다리고 있는 아이 엄마. 그것도 여의찮아질 상황 일 때, 여차하면 학교마저 포기할 예정이다.

'여덟 살'이 되면 모든 것이 해결될 것인가? 모든 것은 뜬구름 위 에 있는 듯했지만, 그것만이 유일한 희망이었다. 그 희망조차 희끄 무레한 안개 속에서 오리무중이었다. 무엇 하나 명료하지 않다. 그 래도 어쩔 것인가. 그것도 받아들일 수밖에. 이것이 아이 엄마가 가 진 사고였다. 이 잿빛 흐름을 바로잡기에는 너무 많은 시간이 흘렀 다. 그렇지만 더 늦기 전에 해야 하지 않겠는가. 나는 단호하게 말했 다.

"아이를 학교에 보내지 않겠다고요? 언제까지요? 언제까지 학교 를 안 보낼 거냐는 말이 아닙니다. 언제까지 기저귀를 하면서 살아 가겠냐는 겁니다. 평생, 죽을 때까지요?"

아이 엄마는 두 눈을 동그랗게 하며 되물었다.

"설마, 우리 아이가 평생 그렇기야 하겠어요?"

지금 고치지 못하니, 어쩌면 평생 그렇게 될 수도 있다고 했다. 당장 시작하지 않으면 안 된다고도 했다.

내가 제안한 방법은 이러했다. 매주 한 번씩 가족치료 12회기. 2시간 정도로 진행할 것이고, 그 안에 부부치료 한 시간이 포함될 것이다. 치료 프로그램 시간 구성은 이렇다고 설명했다. 매주 금요일 오후 3시에서 5시까지. 오후 3시에서 3시 40분까지는 가족치료 1부. 그 이후 한 시간은 부부치료. 그다음 20분은 가족치료 2부를 하고 나서 마지막은 함께 마무리. 부부는 그렇게 하겠다고 언약을 했다. 성실하고 진솔한 마음으로 열두 번 프로그램에 잘 참여하겠다고 선언했다.

이제부터 함께 쉽지 않은 여정에 오르게 된다. 험준한 산맥도 있고, 깊이를 알 수 없는 호수도 있을 것이다. 호수를 어떻게 건너야 할까? 배가 없다면? 돌아가는 길이 있을까? 알 수 없는 노릇이다. 우리가 알 수 있는 것은 주어진 대로 끝까지 함께할 거라는 사실이다. 비바람이 몰아친다고 하더라도, 거칠고 힘들기 짝이 없는 길이라고 하더라도. 목적지까지 무사히 도착할 것이다.

"첫 회기 날까지 해올 과제를 안내해 드립니다. 30분 정도 부부끼리 자유롭게 대화를 나누고 오시면 됩니다."

내 말에 부부는 마주 보며 웃었다. 뭐, 그 정도야 하는 표정이었다. 처음은 쉽고 편안하게 한 걸음씩 내디딜 것이다.

파랑이가 기저귀를 떼기 위해서는 가족 구성원들의 면밀한 협동작전이 필요했다. 대소변을 가릴 즈음 해서 가족들 간에 어떤 일이 일어났는지도 알아야 했다. 자신도 모르게 쌓인 분노와 원망들을 알아차리고, 이를 가다듬는 것도 중요하다. 파랑이도 그렇지만, 특히 어머니의 감정도 그러했다. 모든 것은 치밀하게 연결되어 있다. 파랑이의 증상은 가족 모두의 문제를 알려주는 주요한 단서다. 지금의 시기를 놓치면 회복은 더욱 힘들어질 수밖에 없다. 비틀어진 것은 시간이 지날수록 그렇게 굳어버리기 마련이다. 더 늦기 전에 바로잡을 수 있어야 한다. 얼어붙은 마음과 막혀버린 에너지의 진원지를 찾을 필요가 있다.

따뜻하고 포근한 햇볕을 제대로 만날 때 얼음은 녹고 새싹이 고개를 내밀 것이다. 그 과정은 결단코 쉽지 않다. 여러 겹 드리워진 먹구름을 걷어내기 위해서는 몇 차례 세찬 바람이 불기도 해야 한다. 바람이 드세게 분다고 지레 겁을 집어먹어 마음의 문을 닫을 수도 있다. 자신의 문제를 있는 그대로 직면하는 것은 너무나 쓰라리다. 어른조차 회피하기 일쑤다. 그러니 회기마다 섬세하게 마음을 조율해야 한다. 특히 파랑이가 프로그램에 흥미를 갖고 센터에 오는 것을 즐거워해야 효과가 있다. 파랑이가 거부한다면 이 모든 것도 빛을 잃을 것이다. 부모들이 긍정적인 역동을 펼칠 필요가 있다. 그렇게 하기 위해서는 부부끼리 원활한 소통과 협력이 있어야 한다.

우울증이 있는 이들이 대개 그렇듯이 문제 앞에서 자신을 탓하기 바쁘다. 모든 것이 자신 때문이라고 여긴다. 비난의 화살을 쏘아대기 때문에 비참해진다. 그러다 보니 상황을 해결해나갈 에너지와 의지를 내기 힘들다. 아이 엄마가 스스로 알고 있는 만성 우울을 조금이라도 극복하지 않는 한 치유를 기대하기 어렵다. 모든 것이 뜻대로 되지 않는다는 자포자기의 기운에서 회복하기 위해서는 이런 마음이 필요하다.

> "내 말이 통하는구나!
> 나를 존중해주고 있구나!
> 난 중요한 사람이구나!"

가족들이 이런 마음을 서로 주고받을 수 있어야 한다. 이런 마음이 없어서가 아니라 마음을 잘 드러내지 않아서 없다고 착각하는 것을 벗어나기 위해서 절실한 것이다. 용서와 이해라는 햇볕이 그 몹쓸 착각에서 빠져나오게 해줄 것이다. 해를 만나기 위해서는 일단 문을 열고 나가야 한다. 단순한 행위 같지만, 마음의 문은 큰 용기를 내야지만 겨우 열린다.

이 특별한 가족을 위해 티나 선생님이 함께하기로 했다. 티나는 '예쁘고 고운 티가 난다'는 뜻을 가진 음악치료사다.

첫 만남

"안녕! 파랑아!"

파랑이는 아빠의 손을 잡고 들어왔다.

"안녕! 파랑아!"
아이는 고개만 까딱거리고 아무 말도 하지 않았다. 아빠 뒤로 가서 몸을 숨겼다. 티나 선생님은 '여는 노래'를 들려주면서 함께 불러보자고 했다.

우리 함께 인사해요
안녕 안녕 아~안녕

노래를 부르며, 반갑다는 눈빛을 주고받았다. 곧이어 음악에 맞춰서 간단하고 재미있는 손동작을 했다. 어색한 분위기가 다소 풀어졌다.

"안녕! 파랑아!"

다음으로 '내가 좋아하는 것'을 그려보도록 했다. 4절지 도화지에 아이가 먼저 그림을 그리면 엄마가 다음, 아빠가 그다음 따라 그리는 방식으로 진행했다. 아이는 색연필을 꺼내서 이리저리 마음대로 선을 긋기 시작했다. 아이가 긋는 대로 엄마가 조심스럽게 선을 이어갔고, 아빠도 그 선을 따라 잇기 시작했다. 아이는 좋아하는 것이 무엇인지 말하지도 나타내지도 않았다. 이리저리 엉켰다가 풀리는 선만 가득 그렸다. 그 뒤를 엄마와 아빠가 고스란히 따라가고 있었다. 나는 무엇을 좋아하는지 잘 몰라도 괜찮다고 안심시켜 주었다.

다음으로 '내가 원하는 우리 가족'이라는 주제로 엄마가 그림을 그리도록 했다. 엄마가 선을 긋는 대로 아빠가 그다음, 아이가 다음을 이어가도록 했다. 엄마는 세 식구가 손을 잡고 있는 모습을 그렸다. 다른 가족들이 그림을 잘 그릴 수 있도록 천천히 그렸다. 배려하는 모습이 눈에 띈다고 말하자 아이 엄마가 배시시 웃었다.

이번에는 아빠가 '내가 원하는 우리 가족'을 그릴 차례였다. 아빠가 그리는 대로 아이가, 그다음 엄마가 따라 선을 그어갔다. 아빠는 이리저리 선을 뒤엉키고 활달하게 그렸다. 사방팔방 하트들이 쏟아졌다. 빨리 선을 그려대는 아빠를 따라 하다 말고 아이가 소리쳤다. "너무 빨라!" 아이의 말에도 아빠의 손놀림은 거침이 없었다. 이리저리 뛰어노는 통에 뒤따라오는 아이와 엄마가 지쳐갔다. 아이 아빠

일곱 살 파랑이는 왜 기저귀를 떼지 못했을까?

는 그걸 장난삼아 즐기는 듯해 보였다. 조금 천천히 그려보자고 했더니, 아이 아빠는 그렇게 했다. 아까보다는 쉽게 아이와 아이 엄마가 따라 그려냈다.

그림을 따라 그리는 것만으로도 개인의 성향을 알 수 있다. 신중하고 배려가 깊은 이는 친절하게 길을 안내하듯 그림을 그린다. 공감하고 존중해주는 마음이 있다면, 뒤따라 그리는 이는 주저 없이 앞에 그은 선을 고스란히 따라 그린다. 그 반대의 경우라면, 조급하고, 배려가 없으며 자아 중심적이라고 짐작해볼 수 있다.

그림을 따라 그리는 것은 새로운 경험을 주는 기회이기도 하다. 내가 그리는 대로 따라오기 때문에 주도적이고 창의적인 자신을 인식할 수 있다. 따라 그리면서 상대를 존중해주고 인정해준다는 상징적인 의식을 가질 수 있다.

다음으로 부부치료를 위해 홀 안쪽에 있는 개인 치료실로 안내했다. 그러는 동안 파랑이는 티나 선생님과 함께 자유롭게 노는 시간을 가졌다.

프로그램에 대한 전반적인 진행에 대한 안내와 목적을 설명했다. 파랑이를 위한 심상 시치료 프로그램의 목적은 다음과 같다.

가족끼리 건강하고 조화로운 소통으로
아들 파랑이가 대소변 가리기를 해낼 수 있다.

부부는 함께 동의하면서 이렇게만 될 수 있다면 정말 좋겠다고 입을 모았다. 나는 자유롭게 하고 싶은 이야기를 해보자고 했다.

"심리치료를 해봐야겠다는 생각을 안 해본 건 아니에요. 언뜻 3년 전에 한 적이 있었어요."

파랑이 엄마는 차분하게 이야기를 꺼내기 시작했다. 아이가 세 살 되던 해 어린이집을 보냈는데, 파랑이가 적응을 잘하지 못하더라는 것이다. 초반에는 으레 그럴 수 있겠다고 했지만, 6개월 동안이나 여전히 그랬다. 어린이집 교사는 계속 다니다 보면 익숙해지기 마련이라고 설득했다. 밤마다 잠을 자지도 않고 울어대기도 하고 도저히 나아지지 않았다. 게다가 그때부터 변비가 시작되었다. 분명 젖병을 뗐는데 다시 찾기도 했다. 누구든 사람을 보면 놀라고 피해서 숨는 행동도 했다. 6개월 뒤 어린이집을 그만두고 나니 피해서 숨는 그 증상은 없어지긴 했다. 이런 모습들은 아이가 단지 예민해서라고 생각했다.

파랑이 엄마는 한숨을 내쉬면서 말을 이어갔다.

"나중에 알고 보니, 어린이집에서 받은 스트레스 때문에 그랬던 거였어요. 당시 기저귀를 막 떼려고 할 때였거든요. 그런데 어린이집에서 다른 아이들이 다 보는 데에서 유아용 소변기에 30분 이상 계속 앉혀놓으면서 무리하게 대소변 가리는 걸 강요했더라고요. 낮잠자는 시간에는 우리 아이가 잘 자지 않으니까 계속 안아서 재우려고 하고요…… 그런 스트레스가 장난이 아니었던가 봐요."

그런 사실을 모르고 그저 아이를 맡기기만 했다는 거였다. 그것도 6개월간이나!

"어린이집을 그만두고 나서는 무조건 아이한테 놀라고 했어요. 스트레스를 푸는 것이 잘 노는 것이라고 생각해서요. 그래서 키즈 카페에 자주 데리고 갔어요. 몸 쓰면서 노는 것은 아이 아빠가 2년 전부터 많이 해주고 있어요. 기저귀를 계속 차고 있는 것이 문제가 아닌 것 같아요. 지금도 수영장 갈 때는 기저귀를 하지 않거든요. 기저귀를 떼고 말고가 아니라 뭔가 아이의 마음 깊이 내재된 것이 있는 것 같은데…… 그걸 쏙 뽑아내면 해결될 것 같아요."

아이 엄마는 그녀만의 논리와 생각을 갖고 있었다. 마음 깊이 자리한 것을 쏙 뽑는다고? 배추나 무처럼! 마음속에 묻혔던 것은 뽑히지도 않고, 사라지지도 않는다는 것을 스스로도 이미 알고 있으면서? 마음에 스며든 것은 뿌리가 깊고 넓다. 일부러 그걸 뽑는다고 뽑히지도 않는다. 그것을 그대로 둔 채 건강한 것이 자라나도록 두면 된다. 건강한 뿌리가 뻗어나가다 보면, 쓴 뿌리들을 하나씩 톡톡 건들게 되고, 그러다 보면 어느 날에는 쓴 뿌리들이 나가떨어져 버리게 된다. 하지만 나는 논리적인 설명을 하지 않았다. 일단, 아이 엄마의 말을 경청하기로 했다. 별다른 대꾸를 하지 않는 치료사를 보고 적이 안심한 듯이 말을 이어갔다.

"사실, 부부 문제가 크다고 여겨져요. 파랑이 아빠와 소통이 잘 안 됩니다. 성향 문제 같아요. 저도 좀 독특한 성향이긴 하지만요. 우리 둘이 있을 때는 파랑이 아빠가 저보다 더 많이 평범을 넘어서요. 제가 오히려 현실답게 생각하는 편입니다. 파랑이 아빠가 집에 잘 없으니 제가 아이를 혼자 키웠어요. 제가 가장처럼 집을 지키게 되고, 그러다 보니 아이 앞에서 아빠를 존중해주지 않았어요. 그랬더니 아이가 아빠한테 함부로 하는 것이 보여서, 요즘은 내가 잘못했구나 하는 생각도 듭니다."

부부한테는 풀어갈 거리가 많았다. 살아온 세월만큼 쌓였던 앙금도 많을 것이다. 가라앉았던 것을 뒤흔들 필요가 있었다. 잠자코 짓눌러있던 것들이 올라오면 고통스럽기 마련이다. 고통을 마주하지 않은 치유란 있을 수 없다. 모든 앙금들이 죄다 다 떠올라 올 수도 없다. 떠올린 앙금들을 전부 걷어낼 수도 없다. 가라앉는 것 상태가 다가 아니라는 것, 표면에 떠오른 것들을 걷어내어 말끔히 할수 있다는 것, 그 개운한 마음을 누릴 수가 있다는 사실만으로도 변화가 일어난다. 그게 앙금을 다스리는 법칙이다. 지금, 이제 그 법칙을 적용하기 위해 한 발을 내디딘 것이다.

저번 시간에 냈던 과제를 행했는지 물어보았다. 파랑이 아빠가 답했다.

"네, 어제 차 안에서 대화를 나눴습니다. 제가 아이 엄마가 요구하는 말들을 잊어버린 적이 많아요. 필요한 이야기를 했는데도 그저 흘려버리고 귀담아듣지 않는 거예요. 그래서 서로 잘 알아듣고 소통하려고 합니다. 제가 그동안 그랬던 것에 대해 미안하다고 했고, 어떤 요구를 해서 받아들이게 된다면, 이제부턴 메모도 하고 지키려 노력하려고 합니다. 아이 엄마는 중요한 말을 하는데 저는 제 마음속에 들어오지 않으면 그저 흘려버리는 경향이 있어서요. 그래서 마음을 열고 메모하면서 실천해야겠다고 생각합니다."

조짐이 좋았다. 이번 기회로 이들 부부는 긍정적인 변화를 일으켜야 한다는 의지를 갖게 된 것이다. 아이 아빠가 먼저 그 모범을 보이려고 애쓰고 있었다. 나는 고개를 끄덕였다. 그리고 약속이 잘 지켜지기를 바란다고 응원했다.

아이가 대소변을 가릴 시기인 두세 살 때의 상황을 들려달라고 했다. 파랑이 아빠는 그 당시 일 때문에 먼 지방에 가 있었고, 일주일이나 열흘마다 집에 잠깐 들렀다고 했다. 그 일은 그저 좋아서 하는 일이었으며, 돈은 잘 벌어오지 못했다. 어쩌다 한번 가져오는 돈으로 생활하기에는 턱없이 부족했다. 그래서 파랑이 엄마는 아이를 어린이집에 맡길 작정을 했다. 아이가 어린이집에 적응하면, 돈을 벌기 위해 일자리를 구하려고 했다는 것이다. 결국 아이는 적응하지 못했고, 엄마 역시 직장을 구하지도 못했다. 여기에서 파랑이 아빠의 기억은 달랐다. 그 당시 6개월 남짓한 기간 동안 아예 집에 오지 않았다는 거였다. 파랑이 엄마가 말했다.

"파랑이 아빠는요. 기억을 잘하지 못해요. 순간순간으로 살아요."

그러면서 덧붙였다.

"별로 힘들지는 않아요. 그런지 모르고 결혼한 것이 아니어서요. 제가 원래 우울해서 그게 아이한테 갔을 수 있다고 여겨집니다."

파랑이 엄마는 이맛살을 찌푸리며 굳은 표정으로 말했다. 익숙하게 굳어진 버릇처럼 모든 것을 자신의 탓으로 돌리며 이야기를 마무리 지었다. 중요한 것은 아이가 대소변을 가릴 시기에 치명적인 상황이 빚어졌다는 것이다. 모든 것이 불안했다. 한번 나가면 언제 올지 모르는 남편에 대한 불안, 어떻게 먹고 살아야 할지 생계에 대한 불안, 혼자서 아이를 키우는 것에 대한 불안. 뾰족한 수도 없이 막연하게 세월을 보내며 불안을 감추는 듯했다. 더 큰 문제는 아이가 이 모든 불안을 된통 뒤집어썼다는 사실이었다. 표면으로 드러내지 않고 짐짓 너그럽고 이해심 많은 아내의 역할을 고수했던 그녀. 겉으로의 모습과 속이 같지 않았고, 같아서도 안 되었다. 속을 다 드러내놓으면 남편이 자신을 영영 떠날지도 모르니까. 자신을 두고 영원히 사라진 엄마처럼. 결국은 아이 엄마의 우울을 달래야 하지만, 지금은 아니었다.

다음으로 심상 시치료의 '마음의 준비'를 진행했다. 몸과 마음을 이완하기 위해서 복식호흡을 하고, 눈을 감은 채 다음의 멘트대로 이끌었다.

편안한 몸과 마음을 한 상태에서 귀를 기울여 봅니다.
나는 지금 〈마음의 빛을 찾기 위한〉 여행을 시작하려고 합니다. 생명을 가진 순간부터 그 어떠한 순간에도 변함없이 빛나고 있는 빛을 찾기 위해서 나는 내 안으로 들어가려고 합니다.
먼저 마음의 대문을 빗장을 풀고 활짝 엽니다. 아주 오랫동안 닫혀있던 대문이 이제 활짝 열리고 있습니다.
집 안으로 들어가서 창문을 활짝 엽니다. 그 맞은편의 창문도 열어봅니다. 따뜻하고 살랑거리는 봄바람이 기분 좋게 불어오는 것을 느낄 수 있습니다. 어디선가 향긋한 꽃향기도 풍겨옵니다. 따뜻하고 향기로운 바람이 창문과 맞은편 창문을 통과하면서 집 안의 공기를 상큼하게 바꾸어 놓는 것을 느낄 수 있습니다.

이제 나는 집의 바깥쪽으로 나와 집을 떠받치고 있는 주춧돌과 기둥을 바라보고 있습니다. 주춧돌이 점점 더 튼튼하고 단단하고 넓어지는 것을 바라봅니다. 집을 받치고 있는 기둥도 튼튼하고, 단단하고, 강하게 서 있는 것을 보시기 바랍니다. 이렇게 단단하고 강하고 든든한 주춧돌과 기둥이 집을 잘 지탱하게 하고 있습니다. 나는 가까이 다가가서 기둥과 주춧돌을 손으로 쓸어봅니다. 단단하고 튼튼한 느낌을 손으로 느껴 보시기를 바랍니다.

이제 다시 집 안으로 들어와 방 안으로 들어갑니다. 고개를 들고 아주 튼튼한 지붕이 집을 든든하게 감싸고 있는 것을 봅니다. 나는 이부자리 위에 누워서 천장을 올려다봅니다. 지붕에는 크고 단단한 창이 나 있습니다. 창으로 푸른 하늘이 보입니다. 따뜻한 봄 햇살이 창으로 들어오는 것을 느낍니다. 내 온몸이 햇살로 따스해지는 것을 느껴 보시기 바랍니다. …… 시간이 흘러서 이제 밤이 되었습니다. 그대로 누운 채 어둠 속에서 수없이 반짝거리는 별빛을 올려다봅니다. 은빛 찬란한 보름달이 나를 환히 비추고 있습니다. 별과 달의 기운이 내 온몸과 마음으로 흘러 들어오는 것을 고스란히 느껴 보시기 바랍니다. 나는 자연의 기운을, 우주의 에너지를 느끼면서 곤히 잠듭니다.

이제, 아침이 되었습니다. 재잘재잘거리는 참새와 종달새 소리에 잠에서 깹니다. 찬란하고 화사한 아침 햇살이 내 몸을 감싸며 나를 축복해주고 있습니다. 나는 자리에서 일어나서 세수를 하고, 집 밖으로 나옵니다. 튼튼하고, 안전하고 든든한 마음의 집 밖으로 나옵니다. 집 앞에 어질어져 있는 쓰레기들과 돌덩이들을 치우기 시작합니다. 내 손길이 갈수록 마음의 집으로 가는 길이 깨끗해지고 있습니다. 내가 가진 아름다운 마음의 집에 잘 도착할 수 있도록 나는 지금 이 길을 내 손으로 깨끗하게 하고 있습니다. 기분이 상쾌해지면서, 콧노래라도 부를 듯이 마음이 가벼워집니다. 아침 공기가 무척 상쾌하고 맑습니다.

맑고 환한 이 기운을 그대로 간직하며, 이제 세 번을 세면 눈을 뜨고, 지금 현재 내가 있는 이 자리로 돌아오시기를 바랍니다. 하나, 둘, 셋!

눈을 뜬 다음 체험한 것을 자유롭게 나누었다. 첫날, 처음으로

"안녕! 파랑아!"

하는 기법이니, 아무것도 떠오르지 않을 수 있다. 복식호흡을 하다가 잠이 들 수도 있다. 너무나 고단한 일을 하고 나서는 그럴 경우가 많다. 혹은 피곤이 누적되었을 경우 온몸이 이완되면 졸음이 쏟아지게 된다. 여러 이유로 눈을 감고 이어지는 체험을 못 한 경우라면, 이렇게 말한다.

"눈을 뜬 채, 지금 상상해보세요!"
상상만 해도 우리 뇌는 그렇다고 믿는다. 뇌뿐만 아니다. 마음은 상상하는 그대로 일어나는 사차원의 존재다.
파랑이 엄마가 먼저 말을 했다.

"고향에 다녀온 것 같아요. 나무 대문이었는데 빗장을 벗기니까 밝은 빛이 쏟아졌어요. 집 안으로 들어가 창문을 열었더니 아주 상쾌했어요. 살랑살랑 시원한 바람이 불고 참 좋았어요. 주춧돌과 기둥은 만져보니까 단단했어요. 사실, 지금 우리 집은 그런 기둥이 없는데… 제가 눈을 감고 본 것은 하늘 속 집입니다. 구름 위의 집요. 단단하지 않은 것 같지만, 사실 단단한 집이에요. 주춧돌도 있었고요. 늘 꿈꾸던 집이었어요. 아침에 참새 소리가 들리고 나와서 쓰레기와 돌을 정리했어요. 많지는 않고 두세 개 정도 있었어요. 아주 개운합니다."

이어 파랑이 아빠가 말했다.

"상당히 큰 나무 대문이었어요. 문을 열자 밝은 빛이 나왔고요. 나무 창문이 있었는데 아카시아 향기가 났어요. 기와집은 팔각형으로 생겼는데 안방 안에는 또 하나의 집이 있었어요. 육각형의 기와집이었어요. 집 전체는 자연석이 빙 둘려져 있었고, 육각형 기와집이었어요. 그 집을 만지는 순간 육각형 인공 돌로 변하더군요. 그러다가 기둥이 쭉 뻗어있고 위에는 팔각형의 집으로 다시 바뀌었어요. 천장 창문으로 별빛과 달빛이 들어왔어요. 새소리와 물소리도 상쾌했고, 대나무 숲도 있었어요. 새소리가 너무나 많이 들려와서 파도 소리처럼 우르르 몰려오는 것 같았어요. 큰 집 안방에는 또 큰 대문이 있어서 그 문을 열고 나오니 파도 소리 같은 것이 더욱 크게 들려왔어요. 집이 엄청 높고 커다래서 문이 하늘에 닿을 정도였어요. 바깥의 돌은 서너 개 정도. 텃밭의 경계처럼 보이는 것이어서 제자리에 그냥 놓아두었지요. 멀리 잔디밭과 숲이 보였어요. 평온하고 행복했어요."

부부는 상기된 얼굴로 눈을 감고 한 체험이 무척 인상 깊었다고 했다. 걱정과 근심이 어리론가 사라져 버린 느낌까지 들 정도라고 했다. 환한 얼굴로 서로를 바라보았다. 한바탕 신기한 만화경을 들여다본 아이 같은 표정이었다.

다시 집단 치료실로 가서 파랑이와 함께 진행했다. 파랑이의 대소변 훈련을 위한 다음과 같은 판을 제시했다. 한번 할 때마다 스티커 한 개를 붙여주기. 50개의 스티커를 모으면 아빠가 선물을 줄 거라고 했다. 아이 아빠는 즉석에서 50개 기념 선물로 스파에 데리고 가겠다고 약속했다. 아이가 두 눈을 휘둥그레 뜨며 이 모든 것을 어리둥절한 모습으로 지켜보고 있었다. 좋다, 싫다는 표현을 딱히 하지 않았다.

해야 할 일을 순서대로 말해주었다. 일단, 당장 팬티를 사야 할 것. 가장 눈에 띄는 장소에 이 '참 잘했어요! 배변 칭찬판'을 붙여둘 것. 스티커를 하나씩 붙일 때마다 파랑이한테 아주 크게 칭찬해달라고 당부했다. 그리고 '잘했어!' 스티커를 파랑이 부모님한테 전달했다.

치료 회기를 시작하기 전, 배변 칭찬판을 언제부터 적용해야 할 것인지가 가장 고민스러웠다. 처음부터 제시하는 것이 옳을까, 아이가 너무 부담스러워서 센터에 오지 않겠다고 하면 어쩌나, 여러 상황을 놓고 생각을 해보았다. 일곱 살이 되어 눈치가 빤히 트인 파랑이는 이미 알고 있을 것이다. 기저귀를 떼지 못해서 센터에 와야 한다는 것을 아는 이상, 뜸을 들일 필요가 없다고 결론을 내렸다. 아이의 눈치를 보며 주저하는 것은 치료적이지도 않다. 배변 훈련은 빠르면 빠를수록 좋다. 이미 늦을 대로 늦은 상태에서 한시라도 빨리 시도되어야 한다. 처음부터 칭찬판에 스티커가 붙으리라는 기대는 할 수 없다. 서서히, 조금씩 늘어날 것이다. 그러다가 원활하게 되는 시점에서는 더 이상 칭찬판이 필요하지 않게 될 것이다. 그때까지 칭찬판은 제 몫을 다할 것이다.

파랑이가 배변 칭찬판을 보고 별다른 거부 반응을 보이지 않는 것도 좋은 징조였다. 프로그램의 목적이 뚜렷하게 드러나는 셈이었다. 티나 선생님이 여러 궁리를 하며 애써서 만든 배변 칭찬판이 파랑이를 응원해 줄 것이다. 두둑한 보상이 주어지는 배변 칭찬판! 파랑아, 일단 한 번 해보라니까!

🍪 멋진 파랑이, 참 잘했어요!

	❤️1일	❤️2일	❤️3일	❤️4일	❤️5일	❤️6일	❤️7일	❤️8일	❤️9일	❤️10일
팬티입기	①② ③④ ⑤⑥	①② ③④ ⑤⑥	①② ③④ ⑤⑥	①② ③④ ⑤⑥	①② ③④ ⑤⑥	①② ③④ ⑤⑥	①② ③④ ⑤⑥	①② ③④ ⑤⑥	①② ③④ ⑤⑥	①② ③④ ⑤⑥
용가하기										
쉬 하기										

티나 선생님의 반주에 맞춰 '마침 노래'를 불렀다. 온 가족이 함께할 수 있는 과제로 '하늘'을 3분간 올려다보고 어떤 느낌이 드는지

얘기를 나누고 오도록 했다.

참여 소감을 물어보니, 아이는 아주 작은 목소리로 속삭이듯이
말했다.

"언제 다시 와요?"

두 번째 만남

안 되면 어떡하지?

파랑이는 활기차게 앞장서서 치료실 안으로 들어섰다. 좋은 징조였다. 티나 선생님은 피아노로 '여는 노래'를 연주했다. 모두 함께 티나 선생님이 알려준 손동작을 하면서 따라 불렀다. 흥겹고 쾌활한 분위기로 시작했다.

티나 선생님과 함께 의논해서 선정한 권정생의 《강아지똥》이라는 동화책을 읽어주었다. 돌이네 흰둥이 개가 싼 똥이 주인공이다. 참새도 흙덩이도 어미 닭과 병아리도 똥을 피해 간다. 쓸모없는 존재라고 여기며 슬퍼하고 있는 강아지똥. 그러다가 민들레를 만나게 된다. 민들레는 똥에게 거름이 되어 달라고 한다. 어느덧 비가 내리고, 민들레는 아름다운 꽃을 피우게 된다.

배변에 대한 트라우마가 있는 파랑이한테 안성맞춤인 책이었다. 배변 활동은 자연스러운 것이고 생존을 위한 순리에 의해 이뤄진다는 것. 더럽고 피해야 하는 나쁜 똥이 아니라 아름답게 꽃피울 수 있는 소중한 거름이 될 수 있다는 것. 그런 사실을 받아들일 필요

안 되면 어떡하지?

가 있었다. 그리고 기겁할 정도로 싫은 똥 이야기를 자연스럽게 하는 것도 중요했다. 창작동화 《강아지똥》을 통해 함께할 활동도 준비했다.

가족 모두 각자의 똥 모양을 지점토로 만들어보자고 했다. 투명한 작은 컵을 준비해서 그 안에 저마다 만든 각양각색의 똥 모양을 집어넣었다. 이제 꽃을 피울 차례다. 티슈로 만든 꽃에 원하는 색깔의 사인펜으로 색을 칠했다. 파랑이와 엄마는 알록달록한 여러 색을 사용했다. 작은 컵 안의 똥에 나무 막대기를 꽂고 그 위에 티슈 꽃을 꽂았다. 똥이 꽃을 피우게 한 것이다! 다 같이 손뼉을 치면서 웃으며 축하해주었다. 파랑이 삶도 이렇게 아름답게 꽃피울 수 있기를, 파랑이 가족 모두 환하게 꽃피는 삶이길 축원하는 마음을 실었다.

다음으로 자리를 옮겨 부부치료를 진행하였다. 지난 시간 이후 일주일간 어떻게 지냈는지 물어보았다.

"파랑이가 계속 아팠어요. 놀지도 못했고요. 기침, 열 감기에다가 설사도 하고 토했어요. 대여섯 번 정도요. 한 번씩 감기를 앓곤 했지만 이렇게 아픈 것은 잘 없는 일이에요. 오늘은 자고 일어나서 보니까 미열은 있지만 좀 나았어요. 원래 변을 많이 참아서 배가 아프면 자다가도 벌떡벌떡 일어나고 그러거든요. 그렇게 하다 보면 자는 시간이 늦춰지고 해서 새벽 6시에 잠이 들기도 해요. 세 살 때부터 지금까지 변비가 있었어요."

아이 엄마가 약간 인상을 찌푸리며 말했다. '변비' 얘기를 여러 번 들었는데도 다시 얘기를 꺼냈다. 그러니까 감기 증상이 있어서 며칠 앓았지만, 변비에 대한 증상은 없었다는 것이다. 그런데도 감기에 대한 상황과 변비 때문에 힘들었던 상황을 한데 겹쳐서 언급하고 있었다. 최근에 겪은 일 외에 부정적인 이전의 경험까지 소급해서 얘기하며, 힘들어하는 모습이었다.

"감기 증상이 있었지만, 이렇게 나아져서 오늘 올 수 있었군요. 다행이고 감사한 일입니다."

이렇게 말하며, 같이 할 이야기를 꺼냈다. '파랑아, 이렇게 자라렴!'이라는 제목으로 희망하는 파랑이의 모습을 열 가지 적어보자고 했다. 그다음에는 지금, 현재, 최근의 파랑이 행동의 특징을 다섯 가지 적어보자고 했다. 첫 번째 주제에 대해서는 파랑이에 대한 희망이 고스란히 담길 것이다. 두 번째 주제는 그렇게 품은 희망과 지금, 현재의 모습을 연결 지어서 어떻게 할 것인지에 대해 계획을 세우게 될 것이다. 대개 아이에 대한 희망은 부모가 잘 이루지 못했던 회한이 투영되어 나타나기 마련이다. 넓은 관점에서 보자면, 자신의 아이가 행복하고 편안해지는 쪽으로 방향을 잡고 적을 것이다. 어른이 스스로 희망을 실제로 구현하며 살아갈 때 희망은 실체가 되어

안 되면 어떡하지?

아이한테도 나타나게 될 것이다. 어차피 아이는 어른의 삶을 모방하면서 자라나게 되기 때문이다. 파랑이의 삶을 조감도를 보듯 바라보면서 세부적으로 해나갈 현재의 구체적인 관점을 동시에 가질 수 있는 주제였다.

파랑이 아빠는 이렇게 적었다.

파랑아, 이렇게 자라렴!

1. 사랑을 나누는 아이로 자라다오.
2. 행복한 아이로 자라다오.
3. 자유로운 아이로 자라다오.
4. 크고 넓은 마음의 삶으로 살아다오.
5. 자기 자신을 아는 아이로 자라다오.
6. 건강한 아이로 자라다오.
7. 부지런한 아이로 자라다오.
8. 삶의 춤을 추는 아이로 자라다오.
9. 항상 많은 사람들을 따뜻하게 안아다오.
10. 무엇이든 실천하는 아이로 자라다오.

파랑이의 특징

1. 예민하고 민감하게 부분적으로 반응한다.

2. 너무너무 즐겁게 논다.

3. 부정적이거나 강요하는 사람을 싫어한다.

4. 좋아하는 것과 싫어하는 것을 명확히 표현한다.

5. 항상 즐거움을 찾으려 하고, 심심해한다.

파랑이 엄마는 이렇게 적었다.

파랑아, 이렇게 자라렴!

1. 사랑하며 나누고 살아라.

2. 사람들과 함께하며 살아라.

3. 좋아하는 일을 해라.

4. 소식하고 운동하며 살아라.

5. 큰 뜻을 품고 살되 집착하지 말아라.

6. 물 흐르듯 자연스럽게 그냥 살아라.

7. 열심히 마음으로 최선을 다하며 살아라. 모든 것은 정성으로부터 나온다.

8. 집중하여라.

9. 편안한 휴식, 나만의 시간을 가져보아라.

안 되면 어떡하지?

10. 차를 마시거라.

파랑이의 특징

1. 사람 앞에서 소심함.
2. 배 아픔, 변비로 인해 숨는 경향.
3. 아빠에게 약간의 공격적인 행동.
4. 반말하는 것.
5. 블록, 핸드폰을 너무 좋아함.

부부는 열 가지의 바라는 점과 다섯 가지 특징을 적어 내려갔다. 특징을 적을 때는 뜸을 들이며 오래 생각하는 모습이었다. 이제는 적은 글을 함께 나눠보자고 했다. '바라는 것'과 '특징' 중에서 같은 것이 있으면 동그라미를 쳐보자고 했다. 파랑이 아빠가 말했다.

"제가 쓴 8번에 '삶의 춤을 추는 아이로 자라다오'와 특징 2번의 '너무너무 즐겁게 논다'가 맥락이 같은 것 같아요."

파랑이 엄마는 고개를 저으며 자신이 적은 것 중에서는 같은 것이 없다고 했다. 글을 쓰면서 든 느낌을 말해보자고 했다. 파랑이 아빠가 말했다.

"파랑이가 아니라 제 이야기 같아요. 사실은 특징을 적는 것보다 바라는 것을 적는 것이 더 쉬웠어요."

파랑이 엄마도 이렇게 말했다. 아이에 대해서 세심하게 잘 관찰하지 못했다는 고백이기도 했다. 파랑이 아빠가 이어 말했다.

"그러니까요. 적다 보니 그러네요. 써 내려간 게 제가 하고 싶은 것들이고, 제가 살고 싶은 것들이 여기 안에 다 있어요. 사실, 저는 잘하지 못하는데도 우리 아이만큼은 이랬으면 좋겠다는 마음입니다."

아이 아빠가 희망한 파랑이의 삶은 크고 장대했다. 게다가 완벽 그 자체였다. 특히 9번과 10번이 그랬다. '항상 많은 사람을 따뜻하게 안아다오'와 '무엇이든 실천하는 아이로 자라다오'에서 '항상'과 '무엇이든'은 엄청난 중압감을 지니고 있어서 인간이기를 포기해야만 가능할 정도였다. 어떻게 '항상' 많은 사람들을 따뜻하게 안아주고, '무엇이든' 실천할 수 있다는 말인가. 그런 꿈은 이뤄질 수도 없지만, 희망을 품는 것도 위험했다. 실제로는 항상 그렇게 할 수도 없고, 무엇이든 그렇게 할 수 없지만 꿈이라도 그렇게 높게 가지라고 하는 것도 앞뒤가 맞지 않는다. 늘 완벽하게 도덕적으로 살아가려는 꿈이 뭐가 나쁜지 반문할 수도 있을 것이다. 그렇다고 적당히 타협하면서 비도덕적으로 살라는 것도 아니다. 다만, '되도록'이라는 말을 슬쩍 끼워 넣을 수 있다면, 어감이 달라진다.

'되도록 많은 사람들을 따뜻하게 안아다오' '되도록 뜻한 것을 실천하는 아이로 자라다오'라고 한다면, 너그러움과 포용, 실패를 딛고 일어서는 용기와 잘되지 않더라도 다시 토닥거리고 일어서기를 응원하는 마음이 담기게 된다. '항상'과 '무엇이든'이 완벽의 인장을 찍은 단어라면, '되도록'은 진솔하면서 겸손함을 포함한 단어다. 완벽은 그 반대의 경우에 등을 돌리게 하지만, 진솔은 잘되지 않는 상황에 처했을 때 등을 두드리며 앞으로 나가게 한다. 그래서 완벽은 부러지지만, 진솔은 잘 휘어지지만 부러지지 않고, 탄력성이 있어서 원래대로 회복된다. 완벽은 되돌릴 수 없는 지향점을 찍어두고 결과를 추종하지만, 진솔은 과정을 중요하게 여기고, 조금씩 성장하고 발전하도록 내면을 바로 세우게 한다.

파랑이 아빠의 이런 가치관을 어떻게 한순간에 바로잡을 수 있을까. 조금 더 자세히 이런 이야기를 하면서 풀어나가고 싶었지만, 그러지 못했다. 파랑이 엄마가 이렇게 얘기를 이어갔다.

"쓰면서 파랑이의 마음을 상상해봤어요. 파랑이가 불편하고 답답하고 화날 것 같아요. 보통 볼 일은 편안한 공간에서 혼자 하는데, 그렇게 화장실에 가서 해결하지 않으니까 사람이 없는 구석으로 가서는 우두커니 서 있어요. 수시로 그렇게 서서 용을 쓰면서 기저귀에 해요. 그래서 제 마음대로 되지 않아 화가 나는 걸 아빠한테 푸는 것 같아요. 아빠를 때리기도 하고 함부로 말을 하거든요. 아빠와 저는 서로 존댓말을 하는데도 파랑이는 누구한테나 반말해요. 그렇게 하지 말라고 했지만요. 하지 말라는 말을 잊어버리고는 주의하지 않게 돼요. 그리고 변비 때문에 2년 가까이 한약을 먹여왔어요. 크게 소용이 없어서 최근 6개월 정도는 안 먹이고 있지만요."

파랑이는 엄마가 표현했듯이 마음이 불편하고 답답하고 화를 가지고 있다. 그런 상태에서 정서적으로 안정되고, 예쁘고 고운 말이 나오기 만무하다. 스트레스로 심한 변비를 겪는 것처럼 마음도 변비가 진행 중이다. 마음의 변비는 긍정적 에너지가 흐르지 않고 막혀있는 것을 의미한다. 나는 파랑이 엄마한테 파랑이가 기저귀를 계속하는 이유가 무엇인지 물어보았다.

"팬티를 안 입는 것은⋯⋯ 기저귀가 좋아서 그렇겠지요. 기저귀, 대변, 팬티라는 말을 꺼내기만 해도 울먹거리고 그런 얘기하지 말라고 하고 거부 반응이 심해요. '나도 다 알아!'라고만 해요. 그러다가 얼마 전, 센터에 오기 전에 아빠하고 놀다가 갑자기 팬티를 입겠다고 했어요. 언제부터 그럴 거냐고 물어보니 한 달 뒤인 6월 30일부터 입겠다고 하더군요. 이제껏 아이는 자신의 입으로 할 거라고 한 것은 지키더라고요. 그래서 많이 호응해주면서 기다리고 있어요. 파랑이는 아빠를 거의 90퍼센트 빼다 박았거든요."

기저귀가 좋아서 팬티를 안 입는다는 파랑이 엄마의 말에 안타

안 되면 어떡하지?

까운 마음이 와락 일었다. 하지 않아야 할 습성이 배는 것은, 단지 그게 좋아서 그런 것일까? 담배와 술, 마약을 끊지 못하는 경우에는 어떤가? 단지 담배가 좋아서? 술과 마약이 좋아서? 그것은 자연스럽 고 편안한 범주를 넘어선 것이다. 뇌의 보상회로가 중독 수준으로 작동하기 때문이다. 그것처럼 파랑이는 좋은 게 아니라 기저귀를 벗 어날 수 없는 결정적인 심리상태 때문에 어쩔 수 없이 기저귀를 고 집하고 있다. 그 '결정적인 심리상태'에는 세 가지 정도가 속해 있다. 배변 훈련에 대한 트라우마, 다친 마음을 몰라주는 양육자에 대한 분노, 원하는 대로 배변이 조절되지 않는다는 자신에 대한 좌절감. 이런 마음을 헤아려주고 풀어주어야 할 과제가 어른들한테 있었다. 아이가 문제인 것 같고, 해결해나가야 할 것은 오로지 아이인 것 같 지만 그렇지 않다. 아이는 정서와 감정, 분위기를 스펀지처럼 흡수 하고, 이미 빨아들인 것들은 잘 지워지지 않는다. 아이에게 문제로 나타난 것은 아이가 살아왔던 환경이 그렇기 때문이다. 자라온 환 경을 가꾸는 이는 당연히 양육자다.

　이러한 사실을 알리고 설명하고 이해하도록 대화를 이끌고 싶었 지만, 그러지 못했다. 직접적이고 예리하게 순간을 포착하지만, 구구 절절하게 하나하나씩 알리고 가르친다고 되는 일이 아니기 때문이 다. 아이의 마음을 알아주고 분노를 풀어주고 아이가 스스로 조절 력을 가질 수 있도록 해주는 노력은 다만 안다고 되는 것이 아니다.

일곱 살 파랑이는 왜 기저귀를 떼지 못했을까?

머리에서 가슴으로 내려와서 마음의 문을 활짝 열어야만 변화가 일어날 수 있다. 게다가 모든 변화는 체험 속에서 다져지기 마련이다. 생각과 판단의 오류들도 그렇다. 생각과 사고방식을 바꾸는 훈련만으로 변화가 일어나는 것이 아니다. 가슴을 자극하는 감성과 감수성을 바탕으로 마음이 촉촉해져야 새싹이 돋게 된다. 다만, 지금 나는 파랑이 엄마를 따뜻한 눈으로 바라보면서 이런 말을 할 뿐이었다.

"아, 파랑이가 그렇게 말했군요. 그런데 파랑이는 아빠를 닮았고…… 저번 시간에 파랑이 아빠가 뭔가 말을 하고서는 잘 기억을 못 하는 편이라고 하신 말씀도 떠오릅니다."

파랑이 엄마는 아직도 센터에 찾아와서 프로그램을 한다는 사실을 반은 의심하는 듯했다. 함께 힘을 모으고 적극적으로 해결해야 한다는 사실에 대해서도 역시 의심이 가득한 채였다. 센터에 온 이상 한결같은 믿음으로 함께 애써야 한다는 현실 앞에서 주춤거리는 것도 파랑이 엄마의 오래된 성향이기도 했다. 굳이 이것을 해야 하나? 파랑이는 알아서 잘할 텐데! 그렇지만, 만일 하나, 안되면 어떡하지? 할 수 없지 뭐. 학교를 안 보내면 되지 뭐. 다람쥐 쳇바퀴를 돌 듯, 이렇게 겉만 휘돌게 하고 있었다. 아이 엄마는 아이가 알아서 기저귀를 뗄 수 있다고 믿고 싶어 했다. 이렇게 프로그램하는 것도 소용없다고 여기고 있었다. 그렇지만 그 무엇도 뚜렷하지 않은 채였다. 아이 말을 믿지만, 동시에 믿지 않기도 했으므로. 이런 애매

안 되면 어떡하지?

모호한 태도와 생각은 자기 자신에게도 타인에게도 혼란스럽게 하기 마련이다. 파랑이 엄마의 기분을 상하지 않게 생각을 바로잡아줘야 했다. 지금, 파랑이 엄마의 말대로라면, 파랑이는 자신의 입으로 할 거라고 한 것은 지켰다고 했지만, 파랑이는 아빠를 90%나 닮았고, 아빠는 말한 것을 잘 기억하지 않아 지키지 않으니 파랑이 말을 그저 기다려서는 안 된다는 뉘앙스가 골고루 스며들어 있는 말이었다. 내가 한 말에 자극을 받은 것은 파랑이 아빠였다.

"제가요. 마음을 스스로 내서 하면 잘 기억하고 행하지만, 그 외에는 말해놓고도 기억을 잘하지 못해요."

파랑이 아빠는 이렇게 말한 다음, 이제는 잘 실천하겠다며 파랑이 엄마한테 무엇을 하면 되는지 물어보았다. 파랑이 엄마는 밥 먹을 때 휴대폰 하는 것, 편식하는 습관, 갑자기 화를 내는 것을 자제해 달라고 부탁했다. 파랑이 아빠는 그대로 지키겠다며, 즉석에서 휴대폰을 꺼내어 아내의 말을 고스란히 저장했다. 나는 다시 물어보았다.

"응가가 더럽지 않다는 것을 알려준 적이 있었나요?"

파랑이 엄마는 말을 배울 때 알려주었다고 했다. 세상에 더럽고 깨끗하고 그런 게 어디 있냐며 그 정도로 말해주었다고 했다. 그러다가 어떤 책을 봤는데 똥이 더럽다고 되어있어서 아이한테 그 책을

일곱 살 파랑이는 왜 기저귀를 떼지 못했을까?

보여주기가 조심스러웠다고도 했다. 갑자기 파랑이 아빠가 말했다.

"그래도 파랑이가 좋아졌어요. 원래 병원 입구까지만 가도 안 들어가려고 하거든요. 그런데 어제 병원에 갔는데 거부감 없이 편안하게 들어갔어요. 관장을 안 할 거라고 미리 말해서 그런가?"

아주 작은 것에도 좋아지는 변화를 기대하려고 애쓰는 파랑이 아빠 심정이 느껴졌다. 결국은 파랑이만 좋아지는 것이 아니라 가족 모두 좋은 변화가 일어날 것이다. 그런 희망을 안고 우리는 함께 길을 걷는 중이다.

부부치료를 하는 동안, 파랑이는 티나 선생님과 자유롭게 시간을 보내고 있었다. 자신의 이름, 아빠, 엄마의 이름을 쓰는 것을 가르쳤더니 이렇게 썼다며 티나 선생님이 파랑이가 쓴 글을 손으로 가리켰다. 파랑이는 자기가 쓴 글씨가 적힌 종이를 앞으로 내밀었다. 삐뚤빼뚤하지만, 엄연한 한글이 적혀있었다. 다 함께 박수를 보냈다. 집 벽에 붙여 놓은 파랑이의 배변 칭찬판에 아직 스티커를 한 장도 붙이지 못했다고 했다. 하루에 한 번 이상은 스티커를 붙여보자고 부드럽게 격려했다. 파랑이는 고개를 끄덕였다.

가족 모두 함께하는 과제로 '하늘'을 3분간 바라보고 떠오르는 생각과 느낌을 담아 오자고 했다. '마침 노래'를 부르며 작별 인사를 했다. 파랑이는 아빠 손을 잡고 계단을 힘차게 내려갔다.

안 되면 어떡하지?

세 번째 만남

엄청난 용기

"안녕?"

파랑이는 활기차게 손을 흔들며 들어섰다. 아직 파랑이가 활짝 웃는 모습을 보지 못했다. 그렇지만 확실히 한결 부드러운 표정이었다. 여전히 반말 투여서 티나 선생님이 존댓말을 하자고 격려했지만, 잘 고쳐지지 않았다. 아이는 머쓱하면서 입을 다물었다.

'여는 노래'로 시작하고 나서 지난 회기에 내준 과제를 했는지 물어보았다. 파랑이 엄마가 답했다. 과제는 '하늘을 3분간 바라보며 떠오르는 생각과 느낌을 담아 오는 것'이었다.

"수요일에 봤어요. 하얀 하늘이었어요. 아침 10시 30분쯤이었는데 파랑이가 하늘에서 음식이 떨어진다면 먹고 싶은 것 말하기를 해보자고 해서 그렇게 했어요. 파랑이는 고양이를 좋아하거든요. 그래서 갑자기 고양이가 떨어지면 좋겠다고 하는 거예요. 떨어지면서 다치면 어떻게 하냐고 했더니 낙하산을 달아주겠다고 했어요. 음식들도 그냥 떨어지면 더러워져서 먹지 못한다며 음식들한테도 낙하산을 달아주겠다고 했어요."

파랑이는 엄마 말을 들으며 어깨를 으쓱거리고 있었다. 재미있는 발상이었다. 하늘에서 음식이 떨어지다니! 그 말을 들으며 나도 순간 접시에 낙하산을 단 잡채, 치킨, 피자, 우동, 햄버거를 떠올렸다. 낙하산을 탄 장화 신은 고양이가 하늘에서 내려와서는 저벅저벅 걸어와서 허리에 찬 권총을 겨누는 듯했다. 어쩔래? 이래도 기저귀 안 벗을래? 목숨이냐, 기저귀냐, 어디 선택해보시지!

과제를 잘해왔다고 칭찬했다. 어떤 변화들이 있었는지 물어보았다. 강요하지 않으면서 강렬한 자극과 지극한 관심을 가진 어투였다. 배변 칭찬판에 스티커를 하나라도 붙이기를 간절하게 바라는 마음이었다. 다시 엄마가 말했다.

"파랑이가 티나 선생님을 좋아해요. 이 시간을 기다리고 있더군요. 그리고 오늘 아침에는 팬티를 입자고 하니 순순히 입겠다고 했어요. 한 시간은 입어야 한다고 하니 그렇게 했어요. 마땅히 해야 한다고 생각하고 해보니까 팬티 입는 것이 별일 아닌 듯이 잘하더군요. 오늘 10시에 일어나서 12시에서 오후 1시까지 팬티를 입었어요. 더 입자고 하니까 배가 아프니 기저귀를 해야겠다고 해서 그냥 다시 기저귀를 했어요. 감기는 이제 다 나았습니다."

오오! 드디어 스티커가 붙여졌다. 나는 순간, 도저히 속일 수 없는 환한 웃음으로 마음을 드러냈다.

일주일 동안 엄마, 아빠 마음에 변화가 있었는지, 있다면 말해 달라고 했다. 엄마는 자신이 파랑이의 마음이 되어본 것이 좋았다고 했다. 파랑이가 어떤 생각과 마음을 가지고 있을지 파랑이 입장에 서 보게 되더라고 했다. 그동안 파랑이 마음을 잘 알려고 해보지 않았는데, 최근에는 자꾸 그렇게 마음이 가더라고 했다. 파랑이 아빠는 가족들에게 관심이 많이 가면서 가족들한테 더 신경 쓰게 된다고 했다. 그 말을 듣던 파랑이 엄마는 이 프로그램을 하면서 파랑이 아빠에 대해 더 이해하고 공감하려는 마음이 든다며 덧붙였다. 아빠도 치료실에 오는 시간이 좋다고 클리닉을 제대로 받는 느낌이라고 했다. 부부는 진지하면서도 편안한 표정이었다. 굉장한 효과였다. 프로그램을 진행하면서 서로의 마음을 이해해보자, 공감해보자, 서로의 입장에 서 보자는 주문을 하지 않았다. 다만, 내가 주로 한 말은 '파랑이는 어떨 것 같나요?' '아빠의 마음은 지금 어떨까요?' '엄마는 어떤 마음에서 그랬을까요?'라는 질문이었고, 자연스럽게 '마음'을 얘기하다 보니 상대의 입장에 서 보는 것을 자연스럽게 받아들인 것 같았다.

"저를 따라서 발음해보세요."

엄청난 용기

나는 이렇게 운을 뗐다.

"새"

나는 날갯짓하는 흉내를 내면서 말했다. 다 함께 '새'라고 외치며
날갯짓도 따라 했다. 파랑이는 벌떡 일어서더니, 공중으로 날개를
힘차게 젓는 새가 되었다.

"새에 대해 어떤 느낌이 드시나요? 좋다, 혹은 좋지 않다고 대답
해주세요."

굳이 말하지 않아도 좋아한다는 느낌이 드는 파랑이부터 대답
해보자고 했다. 파랑이는 당연히 좋다고 했고, 부모들도 마찬가지였
다. 다행한 일이었다. 만약 '새'를 부정적으로 느끼는 이가 있다면,
'천사'의 이미지로 대체할 예정이었지만, 지금은 그러지 않아도 되었
다.

이제 상상력을 충분히 발휘할 때였다.

새를 떠올려보자고 했다. 태어날 때부터 마음에 살고 있는 새인
데, 판단하거나 나무라지 않고, 오로지 따뜻하게 안아주는 포근한
새라고 했다. 새가 어떻게 생겼을지 상상해보고 이름을 붙여주자고
했다.

'나만의 새' 그림을 그려보자고 하자 파랑이는 대번에 큰 날개를

가진 새를 그렸다. 몸통과 날개를 무지개색으로 칠하더니 '칠색조'라고 했다. 파랑이가 그린 칠색조를 오려서 도화지 밖으로 나오게 했다. 파랑이는 칠색조의 날개를 잡고 치료실을 뛰어다녔다. 다 함께 박수를 보내며 파랑이가 칠색조를 만나게 된 것을 축하해주었다. 엄마는 '은하수 새'라고 이름을 지었다. 참새처럼 작지만 하얗고 초록빛 날개를 가졌다고 했다. 아빠는 '봉황새'라고 지었으며, 봉황새의 모습 그대로인데 꼬리가 길고 용의 얼굴을 가지고 있다고 했다. '나만의 새'를 만난 것을 서로서로 축하해주었다.

'나만의 새'는 마음의 빛 안에 살고 있다. 인간은 누구나 '마음의 빛'이 있다. 마음은 집중해서 에너지를 보내면, 그 에너지의 흐름대로 형성되는 놀라운 능력을 가지고 있는 것이 바로 인간이다. 성경 창세기에 등장하는 신은 빛이 있으라고 했고, 그렇게 빛이 생겨나듯, 신의 속성을 닮은 인간도 스스로 마음을 창조해내는 능력이 존재한다. 그렇다고 '어둠'만 있어, 라고 한들 어둠만 있지는 않다. 이미 신이 빛을 창조했기 때문이다. 게다가 신은 인간에게 신의 속성을 부여했다. 신은 '빛'이며, 인간 또한 '빛'이다. 해서, '인간은 빛을 간직한 존재'라는 라틴어에서 비롯된 인간학명을 접합하자면, '호모룩스Homo Lux'이다. 그렇지만 대부분 이 빛을 잘 생각하지도 느끼지도 못한다. 오히려 어둠만이 가득 들어차 있다고 믿기도 한다. 두꺼운 장막처럼 빛이 가려져서 어둡게 느껴지기 때문이다. 빛은 결코

엄청난 용기

사라질 수 없지만, 가려질 수 있다. 생명의 빛, 마음의 빛, 내면의 빛이라고 할 수 있는 이 빛은 인간의 마음에 존재하고 있다. 빛이 없다고 하는 이조차 엄연히 빛이 있다. 이 빛은 인간의 내면에 홀로 존재하는 것이 아니다. 내면의 빛은 우주의 에너지, 혹은 신과 연결되어 있다. 이 연결을 인식하고 자각할수록 내면의 힘이 커진다. 마음의 핵심에 '빛'이 있고, 이 '빛'은 신과 하나가 되며, 그 안에 '나만의 새'가 살아가고 있다. 내 과거와 현재의 삶을 잘 알고, 나를 변함없이 언제나 응원해 주고 지지해주는 존재. 비난과 비판과 충고를 하지 않고 다만 사랑으로 감싸주는 존재다. '나만의 새'는 그래서 천사의 속성을 지니고 있다.

어떤 이는 '나만의 새'는 다만 '내 편인 새'가 아닐까 여기기도 한다. 내가 뭐라고 하든, 오로지 내 편인 새. 내가 이기적인 생각과 자아 중심적인 판단에 사로잡혀 있을 때도 맞다고 잘하고 있다고만 하며 나를 추켜세우는 존재일 거라고 생각하기도 한다. '나만의 새'의 정체성을 또렷하게 알기 위해서는 '천사'를 떠올리면 된다. 내가 어떤 생각과 가치관을 가지든 아랑곳하지 않고 오로지 나를 응원하고 내 편이 되어주는 것이 천사일까? 누군가를 해치고 내 이익을 위해서만 벌게진 눈으로 설칠 때도 내 편이 되어준다면 그게 천사일까? 당연히, '나만의 새'는 내 편이 되기만 하는 존재가 아니다. 나를 빛의 길로 인도해주는 슬기롭고 지혜로운 존재다. '빛'은 신이 가진 사랑의 에너지를 일컫는다. 신을 믿지 않는다면, '우주의 에너지'라고 여겨도 좋겠다.

또 다른 이는 '나만의 새'의 크기가 크거나 줄어들거나 내 감정의 상태에 따라 달라진다고 하기도 한다. 그렇지 않다. 만약 그렇게 보인다면, 나만의 새 그림자를 보았을 뿐이다. 또 다른 이는 '나만의 새'가 따끔하게 충고와 교훈과 가르침을 준다고 여기기도 한다. 그럴 수도 있겠지만, 내가 아는 한 '나만의 새'는 위로와 격려와 포옹과 용서와 사랑을 더 많이 준다. 더구나 비판은 아예 하지도 않는다. 비판으로 우리의 마음이 변화되지 않기 때문이다. 성경의 마태복음 7장 1절과 2절에도 이런 말씀이 있다.

"비판을 받지 아니하려거든 비판하지 말라. 너희가 비판하는 그 비판으로 너희가 비판을 받을 것이요 너희가 헤아리는 그 헤아림으로 너희가 헤아림을 받을 것이니라."

'나만의 새'는 천사의 속성을 지닌 채 내 생명이 잉태되던 그 순간부터 나와 함께 해왔던 새이다. 슬기롭고 지혜롭기 때문에 비판과 비난을 하지 않고, 위로와 격려를 해주는 새이다. 새의 이미지를 떠올리면서 이름을 불러주면 '나만의 새'는 그대로 내 마음 안에 존재하게 된다.

또 어떤 이는 '나만의 새'가 망상을 조작하는 것은 아닌지 의심하기도 한다. 특히 정신병 환자들한테 '나만의 새'는 좋지 않은 영향을 주게 될 수도 있지 않은지 의문을 던지기도 한다. 답은 그렇지 않다이다. 주로 정신병 환자들은 자신을 부정하거나 부정적인 영향 속에 머물러있다. 변하지 않고, 온전히 빛나고 있다는 사실, 자신의 마음에 천사가 존재하고 있다는 사실을 진실로 믿는다는 것은 치유로 가는 회복의 길이지, 그 반대가 아니다. 다만, 경우에 따라 '나만의 새'를 오랫동안 지닌 부정성 속에 갇혀서 왜곡시키거나 변화무쌍한 새라고 잘못 이미지를 세울 수도 있을 것이다. 그럴 때, 과감하게 그것은 '나만의 새'가 아니고 '그림자'를 오해했다고 바로잡을 필요가 있다. '나만의 새'는 자아의 또 다른 모습도 아니다. 자아가 성장하거나 퇴보할수록 '나만의 새'도 그렇게 긍정이나 부정으로 변하는 것도 아니다. 항상 변하지 않는 아름답고 빛나는 새가 내 마음속에 나와 함께 존재하고 있다는 사실만으로도 나는 진정한 나, 마음의 중점에 뿌리내린 빛을 체험할 수 있다. 내면의 부정성에 휩싸인 상황에서 '나만의 새'를 떠올리는 것이 힘들 수 있다. 그렇지만 일단 제대로 떠올렸다면, '나만의 새'는 치유의 기적을 불러일으킨다.

이 새를 분석심리학자 융Jung은 인간의 영혼이라고 설명하기도 했다. 마음의 빛 안에서 살아가고 있기에 약해지거나 힘을 잃을 수가 없다. 늘, 언제나, 이 모습 이대로 빛나게 존재하고 있다. 살아있는 동안, 혹은 죽어서도 나와 함께할 나만의 새. 이 새는 이름을 붙여주기 전에는 짐작조차 할 수 없다. 이렇게 이미지를 떠올리고 이름을 붙이는 순간, 마음의 새를 알아차리게 된 것이다. 칠색조, 은

하수 새, 봉황새가 나란히 날개를 펄럭이며 이제 날아오르려고 하고 있다.

이제 파랑이의 새, 칠색조를 파랑이의 과거로 보낼 예정이다. 모든 문제 속에 해답이 있다. 문제를 직면하는 것은 엄청난 아픔이 따라오는 일이지만, 그만큼 치유가 일어나기 마련이다. 곪아 터지고 진물이 나는 상처를 똑바로 자세히 바라보면서 치료할 때 회복이 일어날 수 있다. 마음의 작용도 마찬가지다. 힘들고 아팠던 과거의 한순간을 떠올린다는 것만으로도 싫어서 피한다면, 치유는 결단코 일어날 수 없다. 직면은 엄청난 용기가 필요하지만, 엄청난 효력이 일어나게 된다. 다만, 그 용기는 내면이 약하고 아플 때, 피 흘리는 상태에서 무리하게 행할 수가 없다. 억지로 용기를 내다가는 역효과만 일어난다. 그런 용기는 내면의 허약함을 스스로 속이는 것이어서 진솔하지 못하게 된다. 마음 치유는 강압적으로 뒤집어씌우고 강요해서 끌어낸다고 이뤄지지 않는다. 특히 자기 자신을 속이는 것은 병리적 상황으로 들어가는 것이 되고 만다. 내면에 힘을 갖춘 상태에서 용기를 내어 과거의 상황을 직면하게 될 때 치유의 효과가 일어나게 되는 것이다. 그런 이유로 치료 프로그램을 적용하는 첫날이나 두 번째 날까지는 직면의 방법을 쓰지 않는다.

지금, 파랑이는 '칠색조'를 만났다. 그야말로 내면의 힘을 제대로

73

갖춘 상태가 되었다. 가장 위로와 격려가 필요할 때는 마음의 상처가 생겼을 때이다. 대부분 그런 상처가 치명적으로 연결되는 까닭은 충분한 위무(위로하고 어루만져 달램)를 경험하지 못했기 때문이다. 가장 가까운 이가 그 상처에 대해 알게 되고, 상처받자마자 눈치를 채고 위로해주는 것. 그리고 더 이상 그런 상처가 생겨나지 않도록 합리적인 조치를 해주고 상처가 아물 때까지 곁에 있어 준다면 더할 나위 없이 이상적인 치유가 될 것이다. 현실은 그렇지 않다. 오히려 가까운 이가 가까운 곳에서 자주 상처를 줄 수도 있다. 위로는커녕 강압적으로 다잡는 경우도 있다. 어른일 경우에도 힘들지만, 아이들은 이러한 모든 과정을 오롯이 내면 깊숙이 스며든 채 살아간다. 제대로 된 위로의 때를 놓쳤고, 그게 잠재의식 속에서 꿈틀거린 채 표면적 증상으로 나타난다면, 한시라도 빨리 놓쳤던 위로와 포용을 해줘야만 한다. 누군가에게 위무를 받는 것도 좋겠지만, 더욱 효과적인 것은 스스로 행하는 것이다. 속히 행하되 내면의 힘이 길러진 상태에서만 가능하다는 것을 염두에 두어야 한다. '속히'라는 것은 상처 때문에 문제 증상이 나타났다는 사실을 알아차리게 되는 때를 말한다. 그냥 두어도 괜찮아질 때라는 것은 없다. 상처는 상처일 따름이다. 상처가 마치 꽃이 핀 것처럼 오래된 흉터로 남는 것은 일단 상처가 아물고 나서의 얘기다. 그러니 칠십 대, 팔십 대가 되어서도 상처를 숨기기에 급급하다면, 아직 때가 아닌 것이다. 상처를 드러낼 수 있는 용기, 그 상처 속에서 나를 건져낼 용기, 나를 들어 올릴 내면의 힘을 가질 용기들이 척척 맞아떨어질 때 제대로 된 치유가 일어날 수 있다.

이제, 파랑이한테 직면을 할 때가 되었다. 일곱 살밖에 되지 않은 아이한테 직면이라니? 있을 수 없다고 고개를 절레절레 흔들 수도 있을 것이다. 중요한 것은, 파랑이는 혼자가 아니다. 마음에 '칠색조'가 의젓하게 존재하고 있다.

사람 모양의 종이 인형을 파랑이 앞으로 가져갔다. 종이 인형의 나이는 세 살인데, 이름을 지어주자고 했다. 별로 망설이지도 않고 파랑이가 '루크'라고 했다. 무슨 뜻인지 물어보니 모르겠지만, 뜻은 잘 모르겠지만, 그렇게 부르고 싶다고 했다. 이제 루크가 어린이집에 갈 거라고 했다. 가기 싫지만, 억지로 끌려가는 장면을 연출했다. 탁자 한쪽 구석에 네모란 곳 위에 루크를 앉히고 여기는 변기라고 말했다.

"루크! 여기 앉아있어. 변기에 계속 앉아있어!"

내가 강압적인 목소리로 말하자 파랑이의 얼굴이 바로 굳어졌다. 루크를 그렇게 앉힌 다음, 10초 정도 그대로 두었다. 이제 칠색조를 루크 곁에 보내어 달래 주자고 했다. 파랑이는 어떻게 할지 모르겠다고 했다. 파랑이 아빠가 "사랑해!"라고 말해보라고 했지만, 파랑이는 고개를 저었다. 그러더니 살며시 칠색조를 데리고 루크 옆으

엄청난 용기

로 가서는 머물렀다. 칠색조가 어떻게 하고 있냐고 물었더니 이렇게
말했다.

"눈곱을 떼주고 있어."
파랑이는 칠색조의 날개로 루크를 감싸 안아 태워서 날아가게
했다. 그렇게 칠색조는 치료실을 빙빙 돌았다. 그 모습을 보던 파랑
이 엄마는 파랑이가 무척 힘들었을 거라고, 그 생각을 하면 가슴이
미어지도록 아프다고 했다. 파랑이한테 너무나 미안하다고 했다. 파
랑이가 엄마한테 다가와서 말했다.

"이제는 나아졌잖아. 괜찮아!"
엄마는 파랑이를 꼭 껴안아 주었다. 엄마도 파랑이를 껴안아 주
면서 말했다.

"미안해, 파랑아. 정말 미안해. 힘들게 해서."
이번에는 아빠가 다가와서 이 둘을 함께 껴안으며 말했다.

"파랑이와 파랑이 엄마, 미안해."
'미안하다'는 마음이 물결치며 흘렀다. 서로가 서로에게 미안했
다. 울며 떼쓰면서 거부하던 파랑이를 억지로 떼어내듯 어린이집에
보내던 것, 파랑이 엄마한테 모든 것을 떠넘기고 홀연히 사라지다가

한 번씩 나타나던 것, 파랑이 마음을 제대로 들여다보지 못했던 것, 또, 또…….

미안하다는 마음이 겹겹이 에워싸서 세 가족을 안고 둥실둥실 떠내려갔다. 미안의 강물은 이대로 흘러서 바다로 갈 것이다. 그곳은 분명 사랑의 바다일 것이다.

다음으로 부부치료를 했다. 파랑이의 치료 목표인 '대소변 가리기'에서 엄마와 아빠가 도울 수 있는 일을 말해보자고 했다. 파랑이 엄마가 먼저 말했다.

"제가 먼저 긍정적인 마음이 되어야겠다는 생각이 듭니다. 활기 넘치게 지내야겠어요. 무한 긍정 에너지를 가지면서 정서적으로 무난하고 평안하게 지내야겠습니다. 그래서 '잘했어!' 스티커를 모을 수 있도록 응원해 주어야겠습니다."

파랑이 아빠는 진지한 표정을 지으면서 이렇게 말했다.

"시간을 내어 파랑이와 잘 놀아줘야겠습니다. 활동하면서 즐거운 시간을 만들어서 '잘했어!' 스티커를 모으게 하고, 그렇게 하면 더 잘 놀 수 있다고 알려줘야겠어요."

함께 격려의 박수를 보냈다. 파랑이가 세 살 적에 어린이집에 가려 하지 않아서 힘들었는데도 계속 다닌 이유에 대해 파랑이 엄마는 덧붙여 말했다. 아이가 예민한 성격이어서 작은 소리에도 놀라서 깨곤 했다. 워낙 민감한 성격이다 보니 어린이집을 다니는 것도 다른 아이보다 적응할 수 있는 시간이 더 오래 걸리는 것이라고만 생각했다. 어린이집 원장을 지나치게 믿은 탓도 있었다. 그냥 꾸준하게 맡겨보라고 해서 그러면 되는 줄 알았다. 원래는 경제 형편이 어려워서 일을 다녀볼까 하고 맡겼는데 어찌 된 일인지 일도 구하지 못한 데다가 아이는 그때 치명적으로 트라우마가 생기고 말았다. 처음에는 아침 9시에 맡겼다가 정오에 데리러 갔는데 한 달 뒤부터는 계속 아침 9시에서 오후 4시 30분까지 맡겼다고 했다. 그러는 동안 아이는 서서히 마음의 멍이 들어갔던 거라고 했다. 파랑이 엄마는 거기까지 말하고 침묵하고 있었다. 목울대에 치밀어 오르는 감정을 느끼는 듯했다. 아이 아빠에 대한 분노, 직장을 구해야 한다는 부담감, 어쩔 수 없이 형성된 대인관계 기피증, 앞날에 대한 불안. 여러 생각과 감정이 주위를 에워싸는 듯했다. 파랑이 엄마의 침묵을 그대로 지켜주었다. 나도 파랑이 아빠도 가만히 머물러있었다. 1분 정도가 지났을까. 파랑이 엄마가 숙였던 고개를 들더니 이렇게 말했다.

"파랑이가요. 색연필 잡는 방법을 알려줘도 잘 안 고쳐요. 한글과 숫자 같은 것도 가르쳐주려고 하면 알아서 하겠다며 유튜브를 보고 찾아서 혼자 합니다. 스스로 찾아서 공부하는 식인데, 아무리

가르쳐주려고 해도 거부해요. 왜 그럴까요?"

파랑이 엄마는 현실로 돌아왔다. 과거 속에 사로잡혀 에너지를 허비하는 것을 이제 그만하려는 의지가 보였다. 그 말에 무엇이라 답변하기 전에 파랑이 아빠가 먼저 말을 꺼냈다.

"내가 그랬어. 어렸을 때부터 말이야. 제 엄마는 책임감이 강했지만, 묵묵히 자라나는 것을 지켜봐 주는 아주 큰 나무였어요. 엄마는 벌써 중학교 때부터 제 성향을 잘 알고 있었어요. 자아가 강하고 고집이 세고…… 그래서 그저 놀면서 자유롭게 지내라고 했지요. 엄마가 그렇게 하게 된 것은 몇 가지 사건이 있었어요. 한번은 나쁜 짓을 한 적이 있었어요. 가게에 가서 콜라를 훔쳐 먹었거든요. 그때 만큼은 엄마한테 크게 혼이 났지요. 원체 너무 자유롭게 지내다 보니, 제가 좋아하는 것을 마다하지 않고 해라고 하셨어요. 엄마가 한번은 중국어학원을 알아보더니 다니라고 했는데 게임기를 사주면 다니겠다고 하니 그걸 사주셨어요. 하루 다녀보니까 재미가 없어서 안 가겠다고 했는데 그냥 놔두셨어요. 그리고 또 한번은 교회를 다니라고 해서 갔는데 단체 물놀이를 따라가서는 다쳐서 피가 흥건하게 났어요. 그런 이후에는 어머니가 더 이상 저한테 뭔가를 권하거나 요구하지 않고 네 인생은 네가 알아서 하라고 하셨어요."

그러니까 파랑이 아빠는 유튜브를 보고 자신이 하겠다고 하며, 엄마의 가르침을 잘 받아들이지 않는 것은 자신을 닮아서 그렇다는 뜻인 셈이었다. 과거의 일화를 예를 들어 설명하면서 파랑이가 나를 닮아서 그러니, 우리 엄마가 그랬던 것처럼 그냥 놔두면 된다는 의미가 들어있기도 했다.

"우리 집은 질서가 잡혀있지 않아요. 분명히 식사할 때만큼은 휴대폰을 하지 말자고 했는데 계속해서 휴대폰을 바라보고, 텔레비전도 켜놓고 식사에 집중하지 않아요. 파랑이는 편식도 심해요. 새롭게 생긴 과자는 아예 안 먹어요."

불만이 가득한 표정으로 파랑이 엄마가 말했다. 나는 생활 속에서 실천할 수 있는 과제를 내주었다. '식사 시간에 휴대폰, 텔레비전 보지 않기!' 이 말은 저번 회기부터 나왔던 이야기라고 한 번 더 강조했다. 과거에 사로잡혀 있지 않고, 이제 활기를 내보겠다는 파랑이 엄마. 그녀의 말이 가족들한테 존중받을 수 있다는 신뢰와 자신감이 필요했다. 늘 말해도 지켜지지도 않고 그저 흘러 버리는 말만 하는 존재가 아니라는 사실이 중요했다. 파랑이 엄마의 말이 가족들한테 먹힐 때, 자신감 있는 태도로 파랑이를 대할 수도 있을 것이다. 파랑이 아빠는 그렇게 하겠다고 단단히 약속을 했다.

'마침 노래'를 부르기 전에 함께할 과제를 다시 말해주었다. '식사 시간에는 식사에 집중하기!' 그리고 '잘했어! 스티커를 30개 모으기!' 그렇게 스티커를 모아오면 선물을 주겠다고 했다. 파랑이의 눈을 지

그시 바라보며, 다음 시간까지는 열 개는 붙여오자며 힘을 실어주었다. 파랑이는 눈빛을 빛내며 고개를 끄덕였다.

참여 소감을 말할 때 파랑이 엄마는 파랑이의 마음을 알고 슬펐다며, 그렇게 힘들었는지 그때는 잘 몰랐다고 했다. 아빠는 좋은 시간이었다고 했고, 파랑이도 재밌었다고 했다. 엄마 손을 꼭 잡고 파랑이가 깡충거리면서 계단을 내려갔다.

엄청난 용기

네 번째 만남

태양빛이 환해요

파랑이는 여느 때처럼 씩씩하게 들어섰다. 여는 노래에 이어 '빛으로 세상을'이라는 노래를 손동작과 함께 불렀다. 티나 선생님이 한 소절씩 알려주어 다 함께 따라 했다. 다음으로 내가 싱잉볼을 연주했다. 싱잉볼은 '노래하는 주발'이라는 뜻을 가진 악기다. 센터에 있는 싱잉볼은 지름 30센티미터나 되는 큰 싱잉볼이다. 네팔에서 손으로 제작한 것을 오래전에 구입했다. 소리를 통해서 신경세포를 자극하는 효과를 낼 수 있는데, 특히 싱잉볼은 뇌파를 알파파로 이끄는데 탁월하다. 싱잉볼의 소리는 70퍼센트가 넘는 물로 이뤄진 인체에 파형을 일으켜서 공명 효과를 끌어내기도 한다. 몸의 주파수가 건강하게 조율되기에 싱잉볼의 소리에 따라 각 차크라(인체의 에너지 중심점)에 집중해서 자극하기도 한다. 일곱 가지 금속인 주석, 납, 수은, 금, 철, 구리, 은을 넣어서 만든 싱잉볼은 우리 태양계의 일곱 가지 행성인 목성, 토성, 수성, 태양, 화성, 금성의 의미와 일곱 차크라를 상징하고 있다. 센터에 있는 싱잉볼은 5번인 목 차크라를 자극하

태양빛이 환해요

는 것이며, 식도, 부비강, 갑상선, 치아, 목, 잇몸, 후두, 턱, 인두에 영향을 주는 것이라고 한다.

오래전, 싱잉볼 단기 속성반에서 훈련을 받을 때 산 것이다. 소리 치유사는 무수한 싱잉볼 중에서 직접 두드려보고 선택하라고 알려주었다. 이 싱잉볼 소리를 듣자마자 이거라고 내면의 목소리가 속삭였다. 다른 싱잉볼을 아무리 쳐봐도 끌림이 오지 않았다. 사실, 꼭 사야 하는 것도 살 생각도 없었지만, 무작정 싱잉볼을 사서 모셔왔다. 그랬다. '모셔 왔다'라는 표현이 맞다. 기계로 손질한 것이 아니라 일일이 수작업으로 수천 번은 두드렸을 네팔의 장인을 떠올렸다. 맑고 제대로 된 소리를 내기 위해서 그릇을 두드리다가 문득 올려다보았을 안나푸르나 산맥에 드리운 부드러운 구름도 떠올려보았다. 목청 고운 산새 소리가 장단을 맞춰주며 응원해줬을 싱잉볼. 먼 네팔에서 건너와 내 손에 들어오게 된 기막힌 인연을 생각하며 소리를 냈다. 나사NASA의 과학자들이 최신 장치로 측정한 결과에 의하자면, 싱잉볼은 천왕성의 고리가 생성하는 소리에 대한 주파수와 음색과 비슷한 소리를 낸다고 한다. 말렛mallet으로 싱잉볼을 그냥 두드리는 아우터 방식이 아니라 그릇 가장자리를 문지르면서 소리를 내는 이너 방식으로 하면, 오묘한 소리가 일어난다. 아무리 문질러도 소리가 나지 않았던 때도 있었다. 좀 더 익숙해지자 싱잉볼은 살포시 소리를 드러냈고, 소리는 하나가 아니라 여러 소리들로 다양

한 색깔로 퍼져나갔다. 군중들이 모여서 기도하는 듯도 했고, 두 손을 모은 채 노래를 부르는 것도 같았다. 우주 한가운데 앉아서 별이 태어나고 소멸하는 것을 지켜보는 듯도 했다. 동시에 내가 잉태되고 자라나서 지금, 이 순간, 이렇게 있는 것을 또 다른 내가 되어 바라보는 것만 같았다. 배웠던 대로 누워서 내 배 위에 싱잉볼을 올려놓고 아우터로 치고 있다가 잠이 들기도 했다. 불면과 두통에 시달리는 내담자한테 적용한 적도 있었다. 내담자 머리맡에서 싱잉볼을 일정한 간격으로 두드려서 소리를 내고 있었는데, 내담자는 아주 편안하게 잠을 자고 일어나기도 했다.

이제, 이 신비한 싱잉볼을 파랑이 가족들한테 연주할 차례였다. 이너 방식으로 싱잉볼 소리를 냈다. 이 소리를 들으면서 저번 시간에 만났던 나만의 새를 떠올려보자고 했다. 모두 처음 듣는 소리에 신기해했다. 나만의 새가 지금, 현재, 이 순간 무엇이라고 하는지 눈을 감은 채 편안하게 들어보자고 했다. 엄마의 '은하수 새'는 "괜찮아, 자연스럽게 돌아갈 거야"라고 했다고 들려주었다. 아빠의 '봉황새'는 "잘하고 있어"라고 했으며, 파랑이의 '칠색조'는 아무 말도 하지 않았다고 했다. 그러더니 잠시 생각에 잠긴 듯하다가 말했다.

"엄마한테는 '괜찮아'라고 하고, 아빠한테는 '잘하고 있어'라고 했어."

태양빛이 환해요

우리는 서로 서로에게 손뼉을 치며 나만의 새 메시지를 들은 것을 축하했다. 싱잉볼 연주를 마치고 나서 파랑이한테 말렛을 잡고 싱잉볼을 두드려보게 했다. 진지한 표정으로 파랑이가 소리를 냈다. 아빠도, 엄마도 차례차례로 싱잉볼 소리를 냈다. 파랑이 아빠는 이너 방식을 시도하기도 했다. 소리가 조금 퍼져나가는 듯도 했다. 파랑이도 아빠를 따라 했지만, 손에 힘이 잘 주어지지 않아서 소리가 나지는 않았다.

이제 눈을 감고 마음 안에서 에너지를 만나볼 거라고 했다. 싱잉볼을 원래 있던 자리로 치우고, 편안하게 앉아 보자고 했다.

"쉽고 편안한 호흡부터 같이 해볼까요? 허리를 반듯하게 편 채 앉아 보세요. 눈을 감아볼까요? 온몸의 힘을 뺀 채 숨을 내쉬기를 바랍니다. 숨을 내쉴 때 입으로 충분히 뱉어내시면 됩니다. 내쉬는 호흡에만 집중해도 저절로 자연스럽게 들이마실 수 있습니다. 약간 소리가 날 만큼 내쉬어 보세요. 그다음에는 코로 들이마십니다. 네 좋습니다. 다시 길게 후~ 하고 내쉬고, 코로 들이마십니다. 내쉴 때 배가 들어갑니다. 들이마시면 약간 배가 나옵니다. 배에 양손을 얹어 보실까요? 다시, 후~ 내쉬면 배가 들어가고, 들이마시면 배가 나옵니다. … 네, 잘하고 있습니다. 다시 내쉬면 배가 들어가고, 들이마시면 배가 나옵니다. 네. 좋습니다. 이제 손은 무릎 위에 자연스럽게 놓으시면 됩니다."

다음으로 나는 다음과 같은 멘트를 들려주었다.

나는 넓은 들판에 앉아있습니다. 내 주위로 풀이 많습니다. 푸르고 넓은 들판에 앉아있습니다. 하늘은 푸르고 맑습니다. 하늘에 하얀 구름이 흘러가고 있습니다. 내 등 뒤에는 큰 나무가 있습니다. 아주 든든하고 큰 나무가 내 등 뒤에 있습니다. 싱그럽고 맑은 공기가 가슴으로 들어옵니다. 내 머리 위에는 태양이 떠 있습니다. 햇빛이 나를 감싸주고 있습니다. 햇빛이 내 머리 위에 내려옵니다. 머리가 태양빛으로 환해집니다. 얼굴이 태양빛으로 환해집니다. 목과 어깨와 가슴이 태양빛으로 환해집니다. 배가 태양빛으로 환해집니다. 배가 편안해지고, 가벼워집니다. 태양빛이 배를 어루만져 줍니다. 가만히 가만히 어루만져 줍니다. 태양빛을 가만히 느껴 보시기를 바랍니다. … … … 네, 좋습니다. 이제 태양빛이 내 다리와 발까지 내려옵니다. 이제 내 몸은 태양빛으로 물들어 있습니다. 지금, 이 느낌을 그대로 느껴 보시기를 바랍니다. … … … 네, 좋습니다. 이제 태양빛은 언제나 나와 함께하고 있을 것입니다. 지금, 이 모습, 이 느낌을 그대로 간직한 채 눈을 뜨면 됩니다.

89

하나, 둘, 셋!

눈을 뜨자마자 파랑이가 발아래까지 더워졌다며 양말을 벗겨달라고 했다. 말로 표현하지는 않았지만, 분명 태양의 기운을 흠뻑 느낀 것이 분명했다. 이제부터는 자주 "태양빛이 배 안에서 환해요. 따뜻해요. 빛나요"를 해보자고 했다.

마음은 놀라운 창조성을 가지고 있다. 그 능력은 상상에 의해 극대화된다. 상상에는 엄청난 힘이 있어서 흔히 '상상력'이라고 한다. 상상하는 것만으로도 인간의 뇌는 그렇다고 믿게 되고, 그에 해당하는 호르몬을 방출한다. 태양빛이 온몸을 어루만져 준다는 상상은 그래서 실제가 된다. 강렬한 에너지를 가진 태양이 몸 안에 스며들어온다는 것을 상상하는 것은 그렇게 어렵지 않다. 이미지로 떠올려서 고스란히 느끼면 된다. 숨을 쉬듯 자연스럽게 느낄 수 있다. 파랑이는 자주 배가 아프고, 변비에 시달린 채 살아왔다. 배변이 원활하지 않은 탓에 장 속에 찌꺼기들이 많이 들이차 있을 거라고 짐작할 수 있다. 뱃속 속속들이 태양빛이 비춰줘서 환하게 감싸주면 변의를 느끼기도 쉬울 것이다. 여러 번 반복해야 효과적이어서 함께 이 말을 따라 했다.

태양빛이 배 안에서 환해요. 따뜻해요. 빛나요.

회기 시작하기 전, 미리 티나 선생님과 의논해서 파랑이가 읽으면 도움이 될 몇몇 권의 책을 어린이 도서관에서 빌려놓았다. 부부치료를 하는 동안 티나 선생님이 파랑이한테 그 책들을 읽어주기로 했다. 파랑이는 《어떻게 똥을 닦지?》라는 하인츠 야니쉬가 글을 쓰고 필리프 구센스가 그림을 그린 책을 먼저 가리켰다. 티나 선생님이 구연동화로 흥미를 끌어줄 것이다. 파랑이는 주인공 클레오의 유쾌하고 기발한 상상 속에서 실컷 웃으면서 배울 것이다.

파랑이 아빠와 파랑이 엄마는 안쪽 치료실로 들어가서 부부치료를 진행했다. 저번 시간에 약속한 대로 식탁의 예절은 잘 되었는지 물어보았다. 파랑이 아빠는 잘했지만, 파랑이는 잘하다가 안 하다가를 반복하더라고 했다. 그래도 휴대폰을 끄도록 말하면 순순히 끄고 내려놓더라고 했다. 한 번 만에 완벽하게 지키지는 않겠지만, 서서히 좋아질 거로 생각한다고 했다. 파랑이 아빠는 파랑이가 노력하면 금방 잘할 수 있다는 것을 느꼈다고 했다. 그러면서 이런 얘기를 꺼냈다.

"그동안 파랑이가 말을 잘 안 들을 때 하지 말라는 말을 해왔거든요. 그래도 자꾸만 말을 안 들으면 어떻게 해야 할지 모르겠어요."
지금 한 말은 앞의 말과 좀 다른 뉘앙스로 들렸다. 노력하면 얼른 잘할 수 있을 거라고 여긴다는 것과 뭔가 하지 말라고 했을 때 듣지 않고 고집을 부린다는 것은 반대되는 말이었다. 조금 더 얘기를 들어볼 필요가 있었다. 무슨 일이 있었는지 물어보았다.

아이가 오늘 낮에 식탁에서 휴대폰을 하고 있기에 하지 말라고 했더니, 화를 내면서 아빠를 때렸다는 거였다. 그렇게 때리다가 갑자기 아빠의 입술을 때려서 순간 버럭 화가 났다고 했다. 그래서 밥도 먹지 말라고 하고는 다른 방으로 데리고 갔다는 거였다. 그렇게 다른 방에 있게 하고 나서 시간을 좀 가진 뒤 나중에는 꺼안아 주면서 아빠를 때리면 안 된다고 했다고 한다. 그 행동에 대해 엄마는 어떻게 생각하는지 물어보았다.

"별로예요. '단호'한 것과 '버럭'한 것은 다르잖아요. 아이 아빠는 '버럭'한 느낌입니다. 아이가 모르고 아빠 입을 친 건데요. 파랑이가 그랬어요. 모르고 그랬다고. 다른 방으로 가서 아이가 계속 울었어요. 모르고 친 건데…… 아이 마음을 생각하니 마음이 안 좋더라고요."

파랑이 아빠가 이어 말했다.

"예전에도 그랬는데요. 웬만해서는 아이가 저를 때려도 받아줬어요. 전에는 단호하게 못 하도록 한 게 아니라 장난식으로 받아주곤 했어요."

파랑이 엄마가 말했다.

"그렇지요. 단호하게 한 것이 아니라 장난스럽게요. 그런데 이런 일은 처음이었어요. '버럭'이라는 것이 잘못했다고 느껴집니다. 아빠 입술이 약간 다쳤는데 파랑이 아빠는 상처에 예민하거든요. 자기도 모르게 버럭한 걸 거예요."

파랑이 엄마 말에 아빠가 고개를 끄덕였다.

"맞아요. 제 마음 상태에 따라 다르게 반응했어요."

그러니까 아이는 혼란스러웠을 거였다. 어떤 날은 아빠를 때려도 오히려 장난스럽게 넘어갔다. 그렇게 때려도 아빠는 웃었으니까 때리는 것도 괜찮은 것인 줄 알았을 것이다. 그런데 다른 날에 아빠를 때렸는데 아빠는 화를 냈다. 도대체 어떤 것이 맞는 것일까? 감정에 따라서 어떤 날은 괜찮고, 어떤 날에는 안 된다는 것은 아이를 헷갈리게 할 수밖에 없다. 귀엽다고 모든 것이 허용되어서도 곤란하다. 안 되는 것은 안 된다고 해야 한다. 명료하게 인식해야 행동은 바르게 자리를 잡게 된다.

나는 일관성 있게 접근해야 한다고 말했다. 아이가 아빠를 때리는 것을 항상 금해야 한다는 사실을 알려주고, 식탁에서 휴대폰 보지 않는 것도 계속해서 해보자고 했다. 부모들은 그렇게 하겠다며,

태양빛이 환해요

고개를 끄덕였다. 나는 '잘했어!' 스티커에 관해 물어보았다. 파랑이 엄마가 말했다.

"밥 먹기 전에 붙여야지! 하면서 한번 해보자고 했어요. 그렇게 해서 팬티를 입고 한 시간 정도 지났는데 시간을 물어봐서 조금 더 해볼까 했더니 안 한다고 하더군요. 스티커를 붙일 때 마음에 드는 색깔을 스스로 선택해서 붙이도록 했어요. 요즘은 배 아프다는 말을 하지 않아요. 심상 시치료를 받고 나서부터요. 원래는 누워있다가 벌떡 일어나다가 끙끙 힘을 주기도 했거든요. 한 시간에 한 번꼴로요. 힘을 주는 것은 기저귀에 보지 않으려고 참는 것 같기도 했거든요. 보통 누워있다가 벌떡 일어나다가 끙끙 힘을 주기도 하고 그랬어요. 나오려는데 참는 것 같았어요."

나는 그럴 때 어떻게 반응하는지 물어보았다.

"아빠가 꼭 안아주고 괜찮을 거야, 하고 말하는데 그것도 싫다고 하면 떨어져 있어요. 그런데 요즘은 그렇게 배가 아프다고 하지는 않아요."

혹시 그럴 때 변기를 대주는 것을 해봤는지 물어보았다. 아빠가 답했다.

"네. 해봤어요. 서너 살 때요. 소용없었어요. 거부하기도 했고요. 요즘에는 밤에 벌떡 일어나지는 않아요. 끙끙댈 때 변이 약간 묻어 나오거나 소량씩 봐요. 하루에 다섯 번에서 일곱 번 정도. 그때마다 기저귀를 갈아줍니다. 관장은 주기적으로 했는데 다섯 살 이후로는 관장은 안 해요. 주기가 있는 것 같아요. 지금은 괜찮은 시기인 것 같고요, 한 달 반이나 두 달 간격으로 하루나 이틀 정도 배가 아파서 힘들어해요. 참는 것도 강화된다고 하더군요. 변비약을 처방해준 한의사가 그랬어요. 나이가 들수록 참는 정도가 더 강해진다고요."

그렇다면, 지금은 괜찮은 시즌인 셈이었다. 배가 아픈 날이 점점 다가오고 있는지도 모를 일이다. 오늘 함께한 것을 활용할 필요가 있다.

"이제부터는요. 파랑이가 배가 아프다고 하거나 끙끙거리면 변기를 대주고는 이렇게 말해주세요. 배에 태양빛이 환해요. 따뜻해요. 빛나요. 그리고 칠색조와 봉황새와 은하새가 함께 응원해 주고 있어. 이렇게요. 그러면서 응가를 밖으로 나오게 하자. 이렇게 말해주시기를 바랍니다."

부부는 그렇게 하겠다고 했다. 한 번 만에 완전히 되지는 않겠지만, 분명 효과가 있을 거라고 했다. 알아차렸던 존재들이 주는 긍정 에너지를 총동원해서 파랑이를 지지하고 응원하고 격려할 것이다. 그 힘으로 결국 파랑이는 분명 해낼 것이다.

다시 집단 치료실로 자리를 옮겼다. 파랑이한테 앞으로 배가 아프거나 끙끙거릴 때 엄마와 아빠가 변기를 대줄 거라고 말해주었다. 구체적으로 알기 쉽게 설명하기 위해서 배에 손을 얹고는 끙끙거리는 흉내를 내면서 설명했다.

"이렇게 배가 아플 때 말이야. 엄마와 아빠가 변기를 갖다줄 거야. 알겠지?"

갑자기 파랑이가 책상을 주먹으로 치면서 큰 소리로 외쳤다.

"그렇게 하는 거 아냐! 나는 온몸을 부들부들 떨면서 하는 거란 말이야! 듣기 싫어!!!"

그러더니 책상 위에 있던 종이, 스티커 용지를 집어 던졌다. 그 모습을 지켜보던 티나 선생님이 파랑이와 둘이서만 있겠다고 했다. 파랑이의 이런 행동을 수정해야겠다는 거였다. 나는 고개를 끄덕이며 파랑이 아빠와 파랑이 엄마를 다시 안쪽 치료실로 들어가도록 했다.

파랑이 엄마가 말했다.

"어려워하고 싫어하는 것을 하자고 하니까 그런 것 같아요. 배가 아픈데 변은 안 보고, 그걸 조금이라도 말하거나 들으면 이렇게 화를 냅니다. 자신도 스트레스를 받고 있는데 해결이 안 되니까 그 스트레스에 못 이겨서 그런 것 같아요."

화를 내는 강도가 집에서는 더 심한지 물어보았다. 파랑이 엄마는 아니라며, 방금 한 행동 정도로만 한다고 했다. 파랑이는 발악하듯 외쳐댔지만, 사실 엄청난 세기는 아니었다. 평소 목소리의 세 배정도 큰 소리였다. 그래도 해야 한다고 당차게 밀고 나간 적도 있었을 것이다. 그렇게 했을 때 아이는 온몸을 바르르 떨고 경기를 일으켰다는 거였다. 그러니, 변기를 대준다는 말은 꺼내지도 못하고 지금까지 아이 눈치만 보고 있었던 셈이었다. 어쨌거나 이대로는 아니었다. 거듭되는 악순환의 고리를 과감하게 끊어야 했다. 지금 티나선생님이 파랑이의 행동을 수정해서 올바른 방향으로 하도록 훈육하고 있을 거라고 했다.

"선생님들 모두 파랑이를 위해 애쓰고 계셔주셔서 감사드립니다."
파랑이 아빠가 머리를 숙이면서 말했다.

티나 선생님은 감정을 개입하지 않은 채 아이에게 이를 것이다. 방금, 그 행동은 잘못된 것이라고. 변기에 앉아서 대소변을 가리기 위해 모두 다 함께 힘을 합치고 있다고. 시아 선생님이 그렇게 말하는 것은 당연하다고. 화내지 말고 배가 아플 때는 변기에 앉아 보자

97

고 설득했을 것이다. 10여 분쯤 지났을 때 티나 선생님이 개인 치료실 문을 두드렸다. 나와도 된다는 신호였다. 책상과 내던져진 물건들이 가지런히 정돈되어 있었다. 파랑이가 엄마, 아빠를 보더니 입을 삐죽 내밀며 울려고 했다. '마침 노래'를 부르고 아빠가 파랑이를 안아주었다.

과제는 첫째, 식탁에서 휴대폰과 텔레비전 보지 않기. 둘째, 엄마와 아빠가 파랑이한테 "배에 태양빛이 환해요. 따뜻해요. 빛나요"라고 자주 말해주기. 셋째, 하루에 세 번 이상 '잘했어!' 스티커 붙이기라고 알렸다.

파랑이는 고개를 숙이며 쑥스러운 듯 아빠 다리에 매달리면서 계단을 내려갔다. 더 이상 울지 않았다.

파랑이, 파이팅!
티나 선생님과 내가 함께 외치고 있었다.

다섯 번째 만남

그런 생각하지 마.

티나 선생님과 나의 관심은 배변 칭찬판의 스티커 모으기에 있었다. 우리는 종종 파랑이가 스티커를 몇 개 붙였을지 의견을 주고받았다. 응가는 아직 어렵겠지만, 쉬는 가렸으면 좋겠다고 간절하게 바라기도 했다. 내담자를 만날 때 늘 그래왔다. 내담자를 만나는 순간에만 내담자를 생각하는 것이 아니었다. 보통 일주일 만에 프로그램을 진행하는데, 그동안 수시로, 문득문득 내담자를 떠올렸다. 함께 했던 이야기만큼, 조금이라도 성장한 대로 잘 행할 수 있도록 기원하고, 기도했다.

치료 프로그램에 대한 의뢰가 들어올 때도 그랬다. 예약을 위해 전화가 걸려 오고, 센터에 몇 시쯤 올 수 있다는 약속을 잡게 된다. 내담자의 상황이나 문제점, 증상에 관해 이야기를 듣게 되는 순간부터 그 사람을 만나게 되는 셈이다. 본인이 직접 전화를 걸어오기도 하지만, 대상자와 가까운 이들한테서 문의가 오는 경우도 많다. 이

그런 생각하지 마

를 정도만 알고, 얼굴도 모르는 상태에서 내담자를 만나는 것이다. 그 내담자를 가슴에 품고, 느껴 본다. 어떤 이유로 지금의 상태가 되었을지, 어떤 우여곡절이 그 사람의 마음을 막히게 했을지를 떠올려본다. 그러다 보면, 때때로 가슴이 먹먹해지거나 눈물이 날 때도 있다. 그러면서 세상에 많은 치료사와 내담자 중에 그와 내가 만나게 된 놀라운 기적에 감사하며 만나는 날을 손꼽아 기다리는 것이다.

그렇다. 만남이 기적이다. 이렇게 만남이 이뤄지지 않았더라면 평생 못 만나고 살 것이다. 정신적으로 건강해지고 싶다는 간절한 계기로 만남이 이뤄진다. 센터에 찾아와서 마주하게 되는 기회는 인간이 만들어낸 게 아니라고 생각한다. 결국 필연으로 이어지는 모든 우연들은 '섭리'로 인해서다. 섭리는 인위적인 것이 아니라 주어지는 것이다. 인간의 힘을 넘어서는 것은 신의 개입으로 인해서다. 섭리야말로 적극적인 신의 간섭이다.

2015년 10월 1일. 센터 문을 처음 연 날이다. 이날 이후 많은 이들이 센터를 다녀갔다. 심상 시치료는 문화와 예술의 장르를 통해 감성과 감수성으로 접근해서 영혼을 치유하는 방식이다. 심상 시치료를 개발한 것은 사실, 내가 아니다. 아둔하고 모순덩어리인 나는 분명코 그런 치료 방법을 생각해내지 못한다. 처음에 시도했던 시나 수필, 소설 정도의 문학뿐만 아니라 이제는 우리 문화와 예술 전반까지 영역을 뻗어나가고 있다. 이런 생각조차 내가 해낸 것이 아니다. 2011년에 학계에서 공식적으로 인정받았지만, 그것마저도 내가 한 것이 아니다. 센터를 찾아와서 12회기 만에 원하던 마음과 정신적 건강을 되찾은 이, 그런 결실들도 분명코 내가 한 것이 아니다. 모든 것은 내 뜻이 아니라 신의 뜻이다. 그리고 신이 나를 도구 삼아서 해내신 것이다.

내가 겸손해서, 혹은 겸손을 가장해서 말하는 것이 아니다. 처음부터 심상 시치료를 생각하게 되었을 때만 해도 그랬다. 이 세상의 무수한 사람들이 왜 아직도 심상 시치료를 생각하지 못했는지 의아스러울 따름이었다. 그저 느끼고 생각하며 성찰하는 정도에서 멈춰버리는 예술 심리치료가 대부분이다. 마음 깊이 들어가 자신의 마음 안에서 답을 찾는 법을 스스로 알게 된다면, 치유는 저절로 일어나게 될 것이다. 어느 날, 갑자기 그런 기법을 생각해내게 된 것이 오로지 나로 인해서라고? 그렇지 않다. 아무리 고쳐 생각해봐도 그것은 내가 한 것이 아니다.

나는 다만 도구에 지나지 않는다. 《마음의 빛을 찾아서: 심상 시치료 이론과 실제》라는 책을 쓸 때만 해도 그렇다. 석사 3학기 차가 되던 해였다. 여름방학이 막 시작되던 때였는데, 그해 여름은 무지하게 더웠다. 나는 그 당시 정신건강의학과 병원의 간호사였다. 가계를 책임지면서 학업을 병행해야 했다. 노는 날이 거의 없었지만, 나

그런 생각하지 마.

는 놀기도 잘했다. 공부만 매달리는 책벌레도 아니었다. 6월 말부터 7월 중순까지 무서운 속도로 글을 썼다. 심상 시치료의 모든 이론들이 정립되기 시작했다. '심상 시치료 원리'는 이라고 키보드를 누르면, 원리에 관한 세세한 부분이 활자가 되어 화면에 튀어나왔다. '심상 시치료 과정'이라고 운을 떼면, 그것에 관한 글이 나오는 식이었다. 놀랄 수밖에 없었다. 내 손가락을 움직이는 어떤 힘을 느꼈다. 그렇게 약 20여 일 만에 책 한 권 분량의 원고가 탄생한 것이다. 그리고 제대로 책을 발간한 적이 없는 내가 심리치료 전문 출판사에 투고했고, 책이 나왔다. 이 모든 것이 내가 한 것이 아니다.

심상 시치료로 정신건강이 회복된 이들을 바라보는 것은 너무나 특별한 일이다. 깨달음과 변화가 일어나는 순간을 지켜보는 감정을 무엇이라고 표현해야 좋을지 모르겠다. 내담자의 얼굴에 어리는 꽃불, 환하게 영혼의 등불이 켜지는 순간이 있다. 그렇게 하기까지 모든 순간을 고스란히 함께하며 겪는 감정을 과연 어떤 말로 표현해야 할까. 행복이라고 하기에는 약하고, 희열이라고 하기에는 강하다. 은은한 기쁨이라고 해야 할까, 소중하고 귀한 축복이라고 해야 할까. 이런 멋진 경험을 하는 것이 오로지 내 덕이라고? 그렇지 않다. 나는 다만 도구에 지나지 않는다.

그러니 심상 시치료를 하면서 돈을 번다는 생각을 별로 하지 않았다. 20년 넘도록 했던 정신건강의학과 간호사를 그만두고 나서 막연하게 불안했다. 소득을 위해서 심상 시치료를 하는 것이 아니기 때문이었다. 먹고사는 문제는 늘 걱정거리일 수밖에 없는 노릇이었다. 신기하게도 궁핍하지 않았고, 오히려 빚을 갚아나갈 수 있었다. 얼마가 되었든 통장에 돈이 남아있다는 것도 놀라운 일이었다. 이런 모든 것이 내가 잘한 덕분이라고?

그렇지 않다. 내 모든 삶을 주관하고 이끌고 가는 것은 내가 아니라 신이다. 내가 한 일이 아니라 신이 한 일이다. 나는 단 한 순간도 그 사실을 잊지 않고 있다. 그러니, 어떤 내담자가 나를 찾아오더라도 당당해질 수 있다. 그 사람과 내가 만나게 된 것은 오로지 신의 덕분이라고. 신의 주재로 이뤄진 일이라면, 결과도 신이 알아서 할 일이다. 심상 시치료를 적용하던 초반기에는 나도 모르게 당당함이 지나쳐서 우쭐거리게 되기도 했다. 신이 밀어주시는 일인데, 안 될 일이 없다고 큰소리치기도 했다. 프로그램을 하는 족족 성공의 가도를 달렸다. 내게는 다른 뒷배는 없지만, 신이 뒷배다! 이 말을 좌우명으로 삼고 있었다. 그러다가 시간이 지날수록 원숙한 깨달음이 다가왔다. 프로그램을 도중에 포기하는 이도 있었고, 더 이상 치료를 할 수 없겠다고 내가 판단하고 그만두겠다고 선언하게 되는 경우도 있었다. 실패란 아예 존재하지도 않는다고 생각했던 게 오류였던 것이다. 신이 실패했다는 것인가? 실패를 조장하는 것이 신이 할 일인가? 프로그램이 중단하게 된 것을 어디에서 원인을 찾아야 할지 막연했다. 그런 실패에 주눅이 들어 한동안 치료할 힘을 내기 힘

그런 생각하지 마

들기도 했다. 그러다가 내면에서 우러나오는 소리를 들었다.

네가 모든 것을 전부 다 했다고?
단지 신을 등에 업으면 모든 것이 다 이뤄진다고?
정녕 그렇게 믿고 있었던 거였냐?

그게 아니라고 고개를 흔들 수도 없었다. 내가 한 일이 아니라고 했지만, 사실은 내 뜻대로 한 것이라고 은근히 우쭐거리고 있었던 건지도 모른다. 신의 뜻은 설명할 수도, 이치대로 갖고 배열할 수도 없다는 사실을 나는 잊고 있었다. 신이 한 것이라고 해놓고 정작 내 일에 신이 밀어주고 있다고 순서를 바꿔놓았던 것은 아니었을까. 신이 내 일을 도와주고 있고, 그래야 한다고 억지를 부리고 있었던 것은 아니었을까. 신을 내세웠지만, 사실은 내가 원하고 끌리는 대로 가면서 신보고 어서 와서 나를 밀어달라고 한 것은 아니었을까. 신은 내가 마치 미다스의 손처럼 하는 대로 모두 목적을 이루기를, 성공하기를 바라고 있었을까? 고난과 역경이 없는 길을 과연 성공이라고 할 수 있을까?
내면에서 우러나오는 목소리는 나에게 이렇게 말하고 있었다.

일이 이뤄지고, 이뤄지지 않고는 중요하지 않다.
비록 실패한 것처럼 보이는 것도 사실은 그 일이 일어나고

있는 중이고, 성공같이 보이는 것도 사실은
그 일이 일어나는 과정인 것이다.
매사에, 모든 것에 신이 함께하고 있다.

내면의 목소리는 이렇게 물음을 던지고 답하고 있었다. 실패로 보이는 것도 실패한 것이 아니고 성공으로 보이는 것도 다만 성공한 것이 아니라는 것이다. '보이는 것'이 중요한 것이 아니라 보이지 않고 생각할 수도 없는 과정이 중요한 것이다. 모든 것은 에너지로 보존되고 있을 뿐이다. 긍정 에너지가 모인다면, 이미 긍정으로 가고 있는 중인 것이다. 모든 것이 길 위에 서 있다. 내 손을 거쳐서 이뤄지는 것이 아니라 신의 뜻으로 이뤄질 뿐이다. 인간의 뜻은 지금, 당장, 이 순간이지만 신의 뜻은 아직은 아닐 수 있다. 그러니, 실패로 보이는 것조차 감사할 따름이다. 오로지 감사만 할 수 있다면 섭리 속에서 기꺼이 내맡기고 내려놓을 수 있다. 그럴 때 제대로 흐를 수도 있다. 원활하게 흘러간다면 결국 모든 것을 품어주는 바다를 만나게 될 것이다. 그런 의미로 볼 때, 파랑이의 배변 훈련조차 신의 뜻에 맡길 따름이다. 초조하거나 불안하지 않고, 신과 함께하고 있다는 사실을 품고 걸어갈 뿐이다.

티나 선생님이 어제 파랑이의 전화를 받았다고 했다. 무슨 내용이었는지 물어보자 방그레 웃으며 곧 알게 될 거라고 했다. 센터에

그런 생각하지 마.

들어서자마자 파랑이는 자랑부터 했다. 어제 '잘했어!' 스티커를 여섯 개나 붙였다며 이 사실을 티나 선생님께 알려달라고 아빠한테 졸랐다는 거였다. 그래서 어제 아빠가 티나 선생님께 전화까지 했다고 한다. 큰 박수로 파랑이를 축하해주었다.

'여는 노래'를 마친 뒤 티나 선생님은 준비해 온 것을 제시했다. 티나 선생님은 저번 회기에 파랑이가 화를 내며 한 행위에 대해 곰곰이 생각했다. '화'는 감정이어서 자연스럽게 나타날 수 있다. 다만, 화를 슬기롭게 다스리는 방법이 필요하다. 어른들도 감정을 다스리기 힘든데 아이가 어떻게 자신의 감정을 조절할 수 있을까? 어른이 안 되니 아이도 안된다고 치부해버려도 될까? 감정을 조절하는 일은 애초에 잘되지 않고 힘들 뿐이니, 안 해야 하는 것이 맞을까?

해답은 존재한다. 감정을 다스리는 방법을 알고 연습하면 좋아진다는 것이다. 흔히 긍정 감정은 다스리지 않고 부정 감정만 다스리면 된다고 생각할지 모르지만, 그렇지 않다. 모든 감정은 어떤 일이나 현상에 대해 일어나는 느낌이나 기분이다. 지나친 것은 모자라는 것보다 못하다는 옛말 그대로다. 적당히 감정을 느끼는 듯 마는 듯이 하는 게 좋다는 말이 아니다. 극단으로 치우치게 되면, 감정은 병리적 상태로 치닫게 된다. 극과 극은 통한다는 말도 있다. 최고조로 상승하는 기분은 다음 순간에는 최저로 치닫게 된다. 이런 변화가 극심하게 될 때, 양극성 장애라는 정신병리 현상을 겪게 된

108

일곱 살 파랑이는 왜 기저귀를 떼지 못했을까?

다. 답을 풀어가는 것도 역시 문제 속에서 찾을 수 있다. 부정 감정을 먼저 다스릴 수 있다면, 극도로 치닫는 긍정 감정도 함께 다스릴 수 있다. 사실, 앞의 수식어를 뺀 '긍정 감정'은 원래 일어나는 그대로 바라보고 누리고 향유하면 충분하다. 흔히 '긍정 감정'이라고 한다면 행복, 즐거움, 사랑, 편안함, 유쾌함, 신남 등등을 떠올릴 수 있다. 그저, 그런 마음을 있는 그대로 받아들이며 만끽하면 될 것이다. 문제는 '극도로 치닫는'이라는 말이 붙을 것이다. 극도로 치닫게 될 때 그 감정은 부정 감정의 그림자일 뿐이어서 진짜 긍정 감정이라고 할 수도 없다. 아주 높은 곳에 올라갔을 때의 감각을 상상해보면 잘 알 수 있다. 아찔하고 짜릿하고 죽을 것 같은 느낌. 다시는 이런 기분을 느낄 수 없을 것만 같을 정도의 강렬한 느낌. 묘하게 각인되는 그 느낌은 지상에 발을 딛는 순간 연기처럼 사라지면서 허무해진다. 고공 속에서만 오로지 살아서 팔딱거리는 것만 같아서 그 느낌을 스스로도 모르게 찾아 나서게 된다. 현실은 허무하고, 꿈은 짜릿한 찰나에 불과하다. 목숨을 걸고라도 그 극도로 치닫는 긍정 감정에 매달리기도 한다. '극도로 치닫는 긍정 감정'은 순수한 긍정 감정이 아니라 부정 감정의 또 다른 얼굴이다.

부정 감정을 다스리는 것만으로도 '극도로 치닫는 긍정 감정'을 다스릴 수 있다. 역시 극과 극은 통하기 때문이다. 부정 감정을 그대로 내버려 두게 된다면, '극도로 치닫는 긍정 감정' 또한 잡을 수 없

그런 생각하지 마.

다. 널뛰기하듯 마음이 제멋대로 올라갔다가 내려갔다 한다. 혼란의 극치에 도달할수록 정신은 병들게 된다. 부정 감정이라면 떠올릴 수 있는 것은 화, 슬픔, 우울, 짜증, 서글픔, 비참함 등등이다. 각각의 감정마다 대처 방법이 다 다른 것도 아니다. 가장 좋은 방법은 감정을 느끼는 자기 자신을 바라보는 것이다. 자기 자신을 바라본다는 것은 자신을 객관화시키는 것이다.

자신을 객관화하는 것은 간단하다. 일어나는 감정을 그대로 지켜보는 내 안의 또 다른 마음의 눈으로 나를 바라보는 것이다. 이왕이면, 내 안의 중심, 내면의 빛이 나를 바라보게 하는 것이 효과적이다. 그럴 때 이런 말을 나한테 해줄 수 있다.

> 화가 나고 있구나.
> 서글프고 외로워하고 있구나.
> 우울해서 힘이 하나도 없구나.
> 이렇게도 짜증이 많이 나서 견딜 수가 없구나.
> 너무나 비참하게 여기고 있구나.

겪고 있는 감정에 '~~~구나'를 붙이면 나를 바라보는 또 다른 내 목소리가 들리게 된다. 그다음은 감정의 강물 속에서 빠져나오는 나를 발견하게 된다. 그럴 때, "어, 조금 전에 나는 왜 이렇게 그다지도 감정에 휩싸여 있었지? 왜 그랬을까?"라고 의아해하는 나를 알아차리게 된다. 감정 속에 휘말리지 않고, 나를 바라볼 때 지혜로운 대처 방법이 비로소 생각나게 된다. 그 방법을 바로 생각하지 못한다고 하더라도 상관없다. 조금 더 시간을 두고 살펴볼 힘이 생기게 되고 감정에 휘둘려서 그르칠 일들을 삼가게 된다. 반듯하게 자리 잡은 다음 언행으로 옮길 때 후회할 일이 적어지기 때문이다. 방법을 알아도 처음부터 잘 행해지지 않는다. 익숙해지기 위해서는 잦은 연습과 반복이 필요하다. 감정을 다스릴 수만 있다면, 놀라운 치유의 효과를 낼 수 있다. 결국 감정을 다스린다는 것은 스트레스를 조절한다는 것과 같다. 스트레스를 다스린다는 것은 병리 현상을 멈추고 회복을 향해 방향을 잡고 나가는 것을 뜻하기 때문이다.

수년 전, 교육청 관련 사업으로 의뢰를 받은 적이 있다. 초등학생을 대상으로 부정 감정 조절 방법을 심상 시치료 기법으로 총 7회기를 기획하고 직접 학생들한테 알렸다. 기법의 핵심은 이러하다. 부정 감정, 특히 '화'가 났을 때 그 자리에서 복식호흡을 열 번 하기. 자리를 잠깐 옮겨 앉아서 눈을 감은 채 복식호흡을 열 번 하기. 역시 눈을 감은 채 마음 깊은 곳, 중심에 있는 '마음의 빛'과 '빛나는 꽃'을 떠올리면서 복식호흡을 열 번 하기. 눈을 뜨고 어떻게 해야 할지 잠시 생각하기. 그렇게 생각한 대로 행동으로 옮기기. 혹시 생각이 잘 나지 않거나 다시 화가 날 수 있는 행동으로 생각했다면, 다음에 더 좋은 방법이 떠오를 때까지 내버려 두고 일상생활을 하기. 극심한 화는 30초가 되면 정상의 자리에서 슬그머니 내려온다. 그러다가 3분이 지나면 아예 꼬리를 내리게 된다. 3분이 아니라면 30초 만이라도 일단 흘러나가게 돼야 한다. 애써서 참는 것이 아니라 자연스럽게 화가 갈 길로 가도록 지켜보는 것이다. 화가 멈추지 않고 잘 흘러나가도록 하기 위한 절묘한 방법은 '빛'과 '꽃'을 떠올리는 것이다. '마음의 빛'은 마음의 중심에 '빛'이 있다는 것을 자각하는 것이다. 그 '꽃'은 내가 좋아하는 꽃을 떠올리며 마음으로 향기를 마음껏 들이마시듯 깊숙이 호흡해보는 것이다. 내 마음에 빛나고 환하게 꽃이 피어있다니! 상상만 해도 향기롭지 않은가!

과연 나는 이 방법을 그대로 적용했던가? 솔직하게 답하자면 한 적도 있었고, 그러지 않은 적도 있었다. 처음에는 그러지 않은 적이 많았지만, 지금은 행한 것이 더 많다. 말하자면, 그런 것이다. 모든 처음은 어설프고 어색하다. 하다 보면, 능숙해지기 마련이다. 게다가 '마음의 빛'은 나한테 종종 이런 충고를 해오기도 한다. 됐어! 이제 그만하면 됐어! 내려놓으렴. 이렇게 화를 내는 것이 쓸데없다는 것을 잘 알고 있잖아! 충분히 고민했으니 됐어!

지금, 티나 선생님이 준비한 것은 '열 번의 복식호흡'이 아니라 '세 번의 심호흡'이다. 화가 날 때의 대처 동영상이다. 화가 날 때 셋까지 세어보라는 내용의 동요가 나오는 영상을 함께 보면서 노래를 따라 불렀다. 아주 간단하다. 화가 날 때 화가 난 행동을 하는 것이 아니라 숫자를 세는 것이다. 하나, 둘, 셋! 마음의 꽃향기를 깊이 마시면서 하나, 둘, 셋! 마음의 빛을 떠올리면서 하나, 둘, 셋!

부정 감정을 다스리는 절묘한 방법은 '감사'이다. 사실, 긍정이든 부정이든 간에 모든 감정들은 나한테서 일어나는 것이므로 감사할 뿐이다. 감정이 있다는 것은 살아있다는 것이니 그저 감사할 뿐이다. 그 감정을 또렷하게 바라보면서 조절할 수 있다면, 성숙해지는 증거니, 그것도 감사하다. 어둠을 몰아내는 가장 탁월한 방법은 어둠을 향해 발길질하거나 주먹을 휘두르는 것이 아니다. 그저 한순간, 스위치를 올려 불을 켜면 된다. 내면의 부정성을 극복하는 것도 한순간이다. 부정에 초점을 맞춰서 에너지를 쏟는 것은 그만 멈추고, 긍정성을 밝히면 된다. 탁월한 방법이 바로 '감사'이다. 감사할 수 있다는 것은 세상을 움직이는 것이 나 자신이 아니라는 것을 인정하는 것이다. 내가 해서 모든 것이 이뤄지는 것이 아니라는 것을 시인하는 것이다. 인간의 한계를 초월한 신을 받아들이는 핵심이 바로 '감사'이다. '감사' 속에는 자연스럽게 신의 섭리를 따른다는 언약이 포함되어 있다. 그래서 감사는 진정한 겸손의 마음이 있어야 할 수 있다.

그런 생각하지 마.

이번에는 '감사합니다'라고 말하며 가족들 서로서로 스티커를 붙여주면서 감사한 이유를 하나씩 말하게 했다. 표현을 어려워할 수도 있어서 파랑이는 이유를 말하지 않아도 괜찮다고 했다. 그렇지만 "감사합니다"라는 말을 해야지 스티커를 붙일 수 있다고 했다. 파랑이는 신나 하면서 활짝 웃었다. 또렷하게 감사 인사를 하면서 엄마와 아빠의 얼굴과 손, 발등에 스티커를 붙였다.

티나 선생님은 《나 여기 똥 눠도 돼요?》라는 책을 파랑이한테 읽어주었다. 테아 람바가 글을 쓰고 레기네 알테고에르가 그림을 그린 동화책이다. 토끼 릴리가 똥 눌 곳을 찾아 헤매며 다니는 재밌는 얘기다. 풀숲에는 고슴도치가 늪 가에는 돼지가 동굴에는 곰이 똥을 누고 있다. 시원하게 똥을 눌 수 있는 곳을 마침내 찾아내는 릴리! 모두들 해내는 똥 누기! 우리 파랑이도 해낼 날이 있기를!

안쪽 치료실에서 부부치료를 했다. 파랑이 아빠는 파랑이가 팬티를 입으려는 의지가 생겼다고 하며, 함박웃음을 지었다.

"팬티를 입었을 때 재미있는 것에 몰입하게 해서 입는 시간을 늘려야겠어요. 자기도 모르게 시간이 훅 지나가게 말이에요."
파랑이 아빠가 말했다. 파랑이 엄마는 집에 늘 있는 물티슈와 기저귀를 치워야겠다고 했다.

"이제 컸으니까 기저귀가 없다고 말하려고요. 어제저녁에 아이 아빠와 그렇게 하자고 의논했어요."

파랑이 아빠가 이어 말했다.

"아예 기저귀를 꺼내지 않으려 합니다. 적절하게 그 순간에 조율을 잘해야겠어요. 정말 어쩔 수 없을 때는 안 되겠지만요. 보통 때는 기저귀가 없구나. 어떻게 하지? 그렇게 말하는 거예요. 수영장에서는 팬티를 입어요. 계속 그렇게 해왔거든요. 기저귀를 하고 물속에 들어갈 수는 없으니까요. 그래서 이번에 수영장 가서도 그냥 팬티 입은 김에 스티커 열 개 정도 붙여버릴까? 그랬더니 아이가 고개를 흔들면서 무리라고 하더군요. 그렇지만 좀 더 집중해서 시도해보려고 합니다."

좋은 생각이었다. '하면 될까?'에서 '하면 되겠지?'로, 그리고 '하면 되는구나!'와 '해야겠어!'와 '하자!'로 변해가는 생각의 흐름에 오로지 감사할 뿐이었다. 박수를 보내며, 그렇게 멋진 생각을 해서 기쁘다고 했다. 그동안 기저귓값도 많이 들었을 것 같다고 했더니 파랑이 엄마가 고개를 끄덕이며 말했다. 늘 택배로 특대형을 주문해왔다는 거였다. 아이 아빠는 차라리 이제 컸으니까 기저귀가 작아져서 찰 수 없다고 했더라면 좋았을 텐데 계속 큰 것으로 사기만 했다며 이맛살을 찌푸렸다. 다 큰 아이한테 특대형 기저귀를 주문하는 엄마

그런 생각하지 마

의 심정은 어땠을까? 딱하기 그지없다.

"파랑이가 이런 말을 하더군요. 팬티에 변을 묻히게 되면 엄마가 힘들 거야! 라고요. 파랑이는 자신이 어떻게 해야 엄마가 좋아할 테고, 또 어떤 행동을 하면 엄마가 힘들어할 거라는 것을 알고 있는 것 같아요."

파랑이 엄마가 말했다. 최근에 파랑이는 이런 말을 하기도 했다고 한다.

"엄마, 기분이 안 좋아? 또 할아버지 생각하고 있어? 그런 생각하지 마. 슬퍼지고 울게 돼." 아이 엄마는 그런 파랑이를 보며 깜짝깜짝 놀라기도 한다며, 애가 애 같지 않다고 했다.

"이런 말도 해요. 괜찮아, 모든 게 다 지나갈 거야. 그리고 신기하게도 이런 말도요. 좋아도 좋은 게 아니고 나빠도 나쁜 게 아니야. 그리고 네 살 적에는 이런 말을 했어요. 이 모든 건 꿈이야! 라고요."

독특한 말들이긴 했다. 아이가 마치 득도한 어른들처럼 말을 하다니! 임신했을 때 꾼 꿈도 남달랐다며 아이 아빠가 엄마더러 그 얘기를 해보라고 채근했다. 아이 엄마는 계속해서 얘기를 이어갔다.

"임신하고 나서 사흘 간격으로 꿈을 꾸곤 했어요. 황금 왕좌에 한 남자아이가 앉아있더군요. 자신을 가리키더니 밖에 나가서 해야 할 일이 있으니 나를 낳아 달라고 했어요. 참 신기한 꿈도 다 있구나 싶었지요. 그리고 한번은 파랑이를 직접 보지도 않고, 아들이 있다는 말만 듣고 한 스님이 저를 보더니 자식이 장차 큰 인물이 될 거라고 하며 큰절을 하더군요."

이렇게 말하며 파랑이 엄마의 얼굴은 눈에 띄게 상기되어 있었다. 입가에 미소를 머금고 있었다. 나는 파랑이가 잠재력이 많고 대단한 가능성을 지닌 아이라고 했다. 그렇지만 지금 중요한 것은 대소변을 가리는 것이라고 했다. 훌륭한 사람이 될 파랑이가 이런 위기 정도는 능히 극복할 수 있을 거라고도 했다.

"대소변 가리는 것보다요. 변비 해결하는 것이 더 급해요."
아이 엄마가 말했다. 다시, 원점인가? 나는 그렇지는 않을 거라고 마음을 다잡으며 다정한 어투로 다시 설명했다.

"변비는 아무 이유 없이 그냥 생긴 게 아니에요. 기저귀를 좋아해서 아직도 하고 있는 것도 아닙니다. 파랑이는 기저귀가 너무나 불편하지만, 다른 방법을 잘 몰라서 그렇게 기저귀를 하고 있는 거지요. 엄마 마음을 헤아려줄 줄 아는 착한 마음을 가진 파랑이는 변을 보고 나서 치우는 것에 대해 엄마가 힘들까 봐 신경이 쓰이는 겁니다. 그래서 억지로 참아서 변비가 되는 거지요. 지긋지긋하지

그런 생각하지 마

만, 어쩔 수 없이 하고 있는 기저귀를 떼는 것이 가장 필요합니다."

그리고 이 말을 덧붙였다.

"이제부터는 센터에 올 때 꼭 팬티를 입혀서 오세요. 재미있는 수영장에서 팬티를 입어야 하듯이 센터에서도 그렇다고요. 제가 마칠 때 파랑이한테 얘기하겠습니다."

파랑이 부모는 그렇게 하기로 약속했다. 두 분 사이에 서로 주고받을 또 다른 이야기가 있는지 물어보았다. 파랑이 아빠는 여전히 생각이 어디론가 날아가는 것 같다며, 본인이 스스로 고쳐야지 뭔가 말해줘도 기억을 잘하지 못한다고 아이 엄마가 말했다. 변호라도 하듯 파랑이 아빠가 말을 이어갔다.

"저한테는 차분하게 반복해서 말해주는 게 중요해요. 저도 파랑이한테 그렇게 해보니 화를 잘 안 내고 말을 더 잘 듣더군요. 사실, 아이 엄마한테 할 말은 없습니다. 가만히 생각해보면, 아이 엄마 말이 다 맞는 말이더라고요."

이번에는 식사 시간에 지켜야 한다고 약속했던 휴대폰을 보지 않기로 한 것에 관해 물어보았다. 말이 나오기 무섭게 아이 아빠가 좋아졌다고 했다. 좀 더 냉철한 어조로 아이 엄마가 말했다.

"오늘 점심때는요. 파랑이와 둘이서 밥을 먹는데 또 파랑이가 휴대폰을 보더군요. 그래서 약속했으니 치우자고 했더니 아빠가 있을 때만 그렇게 하는 것 아니냐고 따지더군요. 그래서 아니라고 항상 그렇게 해야 한다고 하니 밥을 안 먹겠대요. 그래서 먹지 말라고 하면서 엄마 혼자 다 먹을 거라고 했어요. 그랬더니 식탁에서 떨어져서는 조금 더 휴대폰을 보고는 다가와서 밥을 먹었어요."

모든 습관은 서서히 꾸준하게 바로 잡히기 마련이다. 파랑이 엄마의 훈육이 적절했다며, 잘하고 있다며 격려했다. 파랑이 엄마의 말이 가족들한테 존중받아야 한다는 사실도 중요했다. 그럴 때 위축되어 오므린 마음들이 하나둘씩 기지개를 켜게 될 것이다.

함께 만나서 마무리하는 시간을 가졌다.

"파랑아, 여기는 수영장처럼 재미있는 곳이잖아! 그러니까 수영장에서 할 때처럼 팬티를 입고 와야 해!"

이렇게 말하니, 파랑이가 순순히 고개를 끄덕였다. 파랑이와 새끼손가락을 걸고 그렇게 하기로 약속했다. 파랑이는 아빠와 엄마, 티나 선생님께도 그렇게 새끼손가락을 걸었다. 우리는 모두 파랑이가 약속한 것에 대해 응원과 격려의 박수를 보냈다. 그리고 히로카와 사에코가 글과 그림을 그린 동화책 《팬티를 입었어요》라는 책을 빌려주었다. 포동이 엄마가 멋진 팬티를 사 와서 포동이한테 입혀주는 이야기다. 포동이는 팬티에 쉬를 하고, 엄마는 다시 갈아입

그런 생각하지 마.

혀 준다. 팬티가 엄청 많이 빨랫줄에 걸려있고, 매번 팬티에 쉬를 한다. "그래도 괜찮아요! 멋진 팬티가 다 말랐거든요"라며 격려하는 내용이다. 엄마가 아이한테 직접 읽어주도록 당부했다. 그리고 파랑이아빠와 엄마는 서로 할 말을 편지지에 적어오라는 과제를 내주었다.

마치려고 할 때, 파랑이가 기저귀에 소량의 변을 봤기에 아이 엄마가 화장실에서 새 기저귀로 갈아줬다. 언젠가, 곧 변기에 변을 보게 될 날이 올 거라고 마음속으로 응원했다. 그때가 되면, 파랑이는제 자리에서 맴맴 돌아 어지럽던 발걸음을 멈추고 세상을 향해 활기차게 내딛게 될 것이다. 이제 나가서 모처럼 도립 미술관에 놀러갈 거라고 아이 아빠가 말했다. '마침 노래'를 힘차게 부르며 마무리했다.

여섯 번째 만남

단호해야 합니다.

티나 선생님이 '약속해요'라는 곡을 피아노로 연주하면서 가사를 알려주었다. 약속을 정해서 지키자는 내용의 노래다. 모두 함께 율동을 하면서 불렀다. 그런 다음, 파랑이네 가족 약속을 함께 정하기로 했다. 파랑이와 엄마와 아빠가 함께 정한 약속을 아빠가 도화지에 적었다.

1. 팬티 입는 팬티 가족 되기

2. 식사 때 휴대폰 보지 않기

3. 그때그때 잘 정리하기

4. 높임말 쓰기

5. 일찍 자고 일찍 일어나기(밤 10시 전에 자고 아침 9시에 일어나기)

6. 혼자서 쉬하기

단호해야 합니다.

이 중에서 제일 아래, '혼자서 쉬하기'는 파랑이가 스스로 약속하겠다고 말했다. 모두 박수를 보내며 환호했다. 그리고 그 글자는 특별히 아이 엄마가 글자를 적어 보여줘서 파랑이가 직접 적게 했다. 티나 선생님이 피아노를 치면서 '약속해요' 노래를 다시 연주했고, 원래의 곡에 모두 함께 정한 여섯 가지 약속을 넣어서 신나게 불렀다.

이 약속들도 사실 습관으로 굳어진 것들을 수정하는 것이어서 쉽지 않다. 자신도 모르게 익숙해진 대로 해버리기 때문이다. 그때그때 각인하면서 수정해 나갈 수밖에 없다. 최소한 3개월 정도 신경을 써가면서 수정한다면, 조금씩 자리를 잡을 수 있다. 약속을 함께했던 가족들의 피드백도 좋은 자극이 될 수 있다. 다만, 비난하거나 조롱하듯이 하는 반응은 역효과를 낼 수 있다. 약속을 상기시켜주느라 말을 꺼냈지만, 때때로 그 말조차 불쾌하게 들릴 수도 있다. 때로는 약속을 지키지 않으려고 변명을 하거나 약속을 지킬 수 없다는 변명을 늘어놓게 되는 경우도 있다. 그 모든 변수에도 불구하고, 초지일관 약속을 지키려고 할 때 행동 수정이 제대로 일어날 것이다. 과연 파랑이가 높임말을 쓰게 될까? 혼자서 쉬를 할 수 있을까? 억박지르지 않으면서 부드럽게 타이르면, 파랑이가 그 말을 잘 알아듣고 약속을 지키게 될까? 알 수 없는 노릇이다. 다만, 알고 있는 것은 우리가 함께하는 모든 과정은 바로 치유로 가는 길이라는 사실이다. 약속을 지키도록 마음을 내는 것, 언행을 실제로 수정하는 것은 하루아침에 일어나는 것이 아니다. 꾸준히, 끈기 있게, 긍정적인 내면을 가질 때 지킬 수 있을 것이다.

부부치료를 진행하면서 지난 한 주 동안 어떻게 지냈는지 물어보았다. 파랑이 아빠는 3일 정도 출장을 다녀오느라 집을 떠나서 있었다고 했다. 파랑이 엄마는 친정 아빠가 항암치료를 받고 있어서 건강에 대해 걱정이 많이 된다고 했다. 그리고 파랑이와 함께 팬티를 사러 갔는데 파랑이가 분홍색 딸기 모양 팬티를 골라서 그걸 사 왔다고 했다. 기껏 사 왔지만, 파랑이는 아빠가 없으면 팬티를 잘 입으려고 하지 않는다고 했다. 아이가 싫다고 하면 그동안 그저 받아주기만 해서 그럴지도 모르겠다며 아이 엄마가 말했다.

이 말에는 많은 의미가 담겨 있었다. 아이를 양육하는 엄마의 태도를 고백하는 말이기도 했지만, 또 다른 의미도 있었다. 파랑이 엄마가 파랑이를 생각하는 것은 남달랐다. 자신보다 우월한 존재, 초월적인 힘이 있는 존재로 여길 수도 있었다. 언뜻 생각하면 이상한 말이지만, 그럴 수도 있을 것이다. 파랑이 엄마가 파랑이를 잉태했을 때 꾼 꿈에 의하면, 파랑이는 '왕좌에 앉아있는 존재였다. 그 존재를 낳은 것이다. 거기까지는 그렇다고 쳐도, 또 다른 상황이 합쳐져 있다. 왕자를 낳은 왕비인 나를 생각할 수 있겠지만, 불행히도 파랑이 엄마는 왕비가 아니었다. 자신을 왕비처럼 귀하고 훌륭한 존

단호해야 합니다.

재로 여기지 않았다. 그래도 왕비가 아니냐고 생각할 수도 있겠지만, 파랑이 엄마의 내면은 그것을 인정하고 있지 않았다. 천한 신분의 여자가 왕자를 낳았다는 정도로 여기고 있었다. 그러니 왕자를 다스릴 힘이 없는 셈이었다. 그러니 왕자가 하자는 대로 그저 따라다닐 뿐이었다. 힘을 가진 것은 왕자이고, 자신은 다만 이끌려 다닐 수밖에 없는 셈이었다.

이런 생각들까지 파랑이 엄마가 말한 것은 아니지만, 짐작해볼 수 있는 이야기였다. 자신을 굳게 믿고, 자기 자신을 사랑하는 경우라면 다르다. 나는 왕자를 낳았다! 보라, 나는 그의 어미인 왕비다! 이런 자랑스러움을 마음에 간직하고 있을 것이다. 자신은 초라하지만, 낳은 아들은 귀하다는 생각이 일견 힘들었던 마음을 보상한다는 생각에서 나올 수도 있다. 그런 소망이 꿈으로 나타날 수도 있을 것이다. 혹은 우리가 알지 못하는 어떤 차원과 연결될 수도 있다. 아이가 왕자라는 생각이 이상한 것이 아니다. 그 왕자를 훌륭하게 키워나갈 왕비인 자신을 인식한다면, 문제를 극복해나갈 수 있을 것이다. 파랑이 엄마는 '내가 감히 어떻게?'라는 생각을 해왔을 수도 있다. 이런 생각은 오래전, 우울함에 잠겨있었던 시절부터 습관처럼 해 온 것일 수도 있다. 우울한 기분이 계속된다면 자신감이 없고, 자존감이 내려가 있기 마련이다. 해야 할 일도 잘 떠올릴 수 없고, 능동적으로 하고자 하는 의욕도 잃어버리게 된다. 그런 상태가 꽤 오래 계속되었을 것도 같았다.

　이런 이야기를 꺼내어 설명할 수는 없다. 내면 깊숙이 일어나는 심리를 인정하는 것은 큰 용기가 필요하다. 대부분은 "내가요? 그럴 리가요!"라며 부정하기 일쑤다. 그것을 인정하는 것은 불안하기 그지없다. 아니라고 해야만 그나마 견딜만하다. 비슷한 이야기를 꺼내는 것만 해도 조금이라도 올라오려는 꼬리를 얼른 감추려 들 것이다. 그저 피상적이고 일반적인 이야기로 돌릴 수도 있다. 원인을 찾아서 자신을 인정하는 것은 치유로 가는 지름길이지만, 누구나 할 수 있는 것도 아니다. 아이가 싫다고 하면 그저 받아주었다면, 6개월간 다녔던 어린이집은 어떻게 된 일이었을까? 싫다는 기색이 역력하다면, 보내지 않았어야 했을 텐데 말이다. 흔히 자존감이 낮을 경우 자신의 판단을 유보하기가 쉽다. 판단을 뒤로 미루는 것은 언뜻 보면 부드러운 성향으로 보일 수도 있겠지만 그렇지 않다. 자신을 믿지 못하기 때문에 스스로도 갑갑할 노릇이다. 어떤 것이 맞는지 헷갈리기 때문에 결단을 잘할 수가 없다. 그 마음 안에는 양가감정이 있는데 이러지도 못하고 저러지도 못하는 마음이 똑같은 비율로 존재한다. 내면은 혼란스럽기 그지없고, 상황은 혼란하기만 하다. 딱 잘라 결정을 짓지 못한 채 상황에 질질 끌려가게 된다. 아이가 싫은 내색을 했지만, 어린이집에 적응해야 한다고 생각했을 것이다. 자신을 닮아서 아이가 까다롭고 대인관계가 잘되지 않으면 큰일이라고 생각했을 수도 있다. 게다가 어린이집 원장도 그런 말을 하면

127

단호해야 합니다.

서 다니기를 종용했다. 누구 말을 들어야 했을지 자명한 노릇이다.

삶에는 무수한 선택의 순간이 주어지고, 적당한 조율이 필요하다. 오로지 내 생각이 옳다고 주장해도 문제지만, 내가 가진 생각들은 잘못되었다고 제쳐두는 것은 더욱 위험하다. 내 생각대로 하다가 예상대로 잘되지 않으면, 성찰을 통해 수정할 기회가 주어질 수는 있다. 자신이 잘못되었다고 여기게 되면, 삶을 살아나갈 힘을 잃게 된다. 뚝심으로 밀고 나갈 힘이 없으니 우울할 수밖에 없다. 뭔가 해보지 않으니 성찰마저 할 수가 없다. 모든 것이 의미를 잃게 되는 것이 바로 우울증이다.

자존감이 낮은 마음을 면밀하게 들여다보면, 놀라운 반전이 일어난다. 사실은 인정받고 칭찬과 사랑을 듬뿍 받고 싶은 마음이 들어있다. 그런 사랑의 햇빛이 비춰들지 않자 스스로 어둠 속으로 숨어버린 것이다. 아니, 어둠을 만들어서 온통 어둠으로 덮어 씌워버리고 만 것이다. 그렇게 해놓고는 억울한 것이다. 실은, 이게 아닌데. 내가 원하는 것은 사랑인데. 제대로 사랑받을 기회를 놓치고 만 것이 원통하고 억울하고 화가 치밀어 오르게 된다. 그 마음을 꾸역꾸역 안으로 넣어버려 더 두꺼운 어둠을 만들어내는 것이다. 그럴수록 정작 원했던 햇빛은 어둠에 더 많이 가리게 되고, 버림받은 느낌이 강하게 들게 된다. 그렇다고 조건 없는 칭찬과 관심이 자존감을 올리게 하지 않는다. 피상적인 칭찬은 우스운 바람처럼 사라지기 때문이다. 진정 어린 칭찬도 그다지 효과적이지도 않다. 어둠 속에서

128

일곱 살 파랑이는 왜 기저귀를 떼지 못했을까?

웅크리고 있을 뿐인데 저 멀리 해가 고개를 빼꼼 내민다고 달라질 것이 없기 때문이다. 그렇다면 자주 칭찬을 해주면 되지 않을까? 그 것도 아니다. 아주 멀리 보이는 해가 진짜 해일까? 셀로판지로 만든 가짜 해가 아닐까? 여기 어둠 안에서 보이는 신기루에 불과한 것은 아닐까? 그렇게 여길 수도 있다. 그동안 사로잡혀 있었던 관점에서 보자면, 칭찬을 자주 하는 이들은 협잡꾼이나 사기꾼에 불과하다. 자존감을 올리는 중요한 초점은 자신의 내면에서 나와야 한다는 것 이다. 어떻게 그럴 수 있을까? 내면에는 온통 어둠밖에 없는데 어떻 게 그 어둠을 몰아낼 수 있을까?

먹구름이 잔뜩 낀 하늘을 보면, 어둡고 스산하다. 하늘이 사라 진 것은 아니지만, 없어진 것만 같다. 원래 하늘이 있었던가? 하늘 을 오랫동안 보지 못했다면 의심스럽기 짝이 없다. 하늘이 없어질 리가 없지만, 하늘 따위는 애초에 존재하지 않았다는 이상한 믿음 이 생기기 시작한다. 자연의 현상은 순리에 의해 일어나기 마련이 다. 어느 순간 세찬 바람의 이동으로 먹구름이 걷어질 수 있다. 그 구름이 걷히고 난 파란 하늘은 너무나 아름답다. 그렇게 하늘을 오 롯이 느낀 다음에는 다시 먹구름이 온다고 해도 믿는 구석이 있다. 저건, 한순간일 뿐이야. 아무리 먹구름이 온다고 해도 하늘은 사라 지지 않아. 구름은 다만 가릴 뿐이거든. 이런 믿음이 결국 먹구름을 견디게 한다. 오히려 먹구름을 즐기게 되기도 한다. 파란 하늘도 좋

단호해야 합니다.

지만, 먹구름이 있는 날도 운치가 있잖아? 이 정도가 되려면, 파란 하늘을 보는 날이 많아야 한다. 일상에서 만나는 맑음은 간혹 드리우는 어둠을 재미있게 여길 수 있게 한다. 이례적인 것은 봐주는 너그러움이 있기 때문이다. 그 반대라면, 힘들기 짝이 없다. 파란 하늘을 언제 봤는지 아득하기만 하다. 현실은 먹구름이 가득하고, 하늘은 언제 얼굴을 보여주게 될지 멀기만 하다. 그러다가 아예 먹구름만 가득한 채 세월이 가게 되면 시들시들해진다. 햇빛을 보지 못한 채 생명력을 왕성하게 유지하기 힘들기 때문이다.

내면에 햇빛이 찾아들게 하기 위해서는 순서가 필요하다. 먼저, 골방에서 나와야 한다. 밖에 잔뜩 깔린 어둠을 바라볼 용기도 필요하다. 그 어둠은 먹구름 때문이라는 것도 인식할 수 있어야 한다. 연이어 가득 끼어있는 먹구름을 몰아낼 바람이 있어야 한다. 내면의 바람은 정서 환기와 긍정적 자극이 탁월한 효과를 낼 수 있다. 바람으로 먹구름을 몰아냈다면 파란 하늘이 보이기 시작한다. 그것만으로도 성공이다. 하늘에는 어김없이 해가 떠올라 있고, 이제 햇살을 듬뿍 느끼면 된다. 자신도 모르게 오랫동안 가렸던 어둠을 무슨 수로 몰아낼 것인가. 어둠 속의 어둠인 골방에서 나오는 것은 또 어떻게 해야만 하는 것인가.

파랑이 엄마는 용기를 내고 있다. 오랫동안 혼자서 앓아왔던 마음의 짐들을 풀어낼 용기를 낸 것이다. 파랑이 아빠를 만났을 때 그

일곱 살 파랑이는 왜 기저귀를 떼지 못했을까?

녀는 자신이 살 수 있는 기회라고 여기기도 했다. 바로 '사랑'이라는 햇살을 간절하게 그리워하고 있었기 때문이었다. 외부에서 오는 햇살은 유통기한이 있다. 어느 시기가 지나면 그 햇살은 내 것이 아니다. 자신의 내면에서 온전히 햇살이 비칠 때, 그때 비로소 생명이 활개를 펴게 된다. 파랑이의 문제로 파랑이 엄마는 이렇게 센터에 찾아올 수 있었다. 자신의 삶을 돌아볼 기회를 가진 것이다. 이제까지 살아온 방식이 아니라 새로운 방향의 길로 들어선 것이다. 파랑이가 아니었다면, 이런 시간을 가질 수 없었을 것이다. 모든 문제 안에는 답이 있기 때문이다.

조만간, 파랑이 엄마의 깊은 내면을 스스로 알아차릴 수 있는 회기를 따로 준비해야 할 것이다. 파란 하늘에 해가 떠오르면, 골방에 처박혀 있던 마음들이 줄줄이 나오게 될 것이다. 외롭고 고단하고 억울했던 그 마음들을 충분히 볕에 말리면, 보송보송해져 탄력 붙은 마음으로 다시 태어날 것이다. 머지않아 가까운 날에 이런 시간을 가져야겠다고 마음을 먹고 나서, 얘기를 이어갔다.

아이 엄마한테 파랑이를 훈육하는 데 두려운 부분이 있냐고 물어보았다. 이 부분에 대한 답을 스스로 찾아낼 수 없을 것이다. '두려움'에 대해서 말하는 것이 두렵기 때문이다. 두려움을 직면하려면, 내면의 강한 힘이 필요하다. 그렇더라도 이렇게 물어본 것은 답을 찾아내기 위한 자극을 하기 위해서였다. 외부가 아니라 내면에

단호해야 합니다.

답이 있다는 것을 알아차릴 수 있게 하기 위해서였다. 아이 엄마는 아이한테 밤새 시달려서 지친다고 했다. 그래서 스트레스가 많다는 거였다. 혹시 자신만의 스트레스 해소법이 있는지 물어보았다. 아이 엄마는 '운동'이라고 했다. 최근에는 운동을 아예 하지 못했다며, 다시 해야겠다고 했다. 그 정도에서 더 들어가지는 못했다. '운동'을 하면서 스트레스를 해소해 보겠다는 말에 응원을 보냈다.

다음으로 해온 과제를 나눠보자고 했다. 서로 각자한테 보내는 편지를 써온 것을 직접 들려주면서 읽도록 했다. 파랑이 엄마가 먼저 시작했다.

"요즘 들어 부쩍 마르신 아버지가 걱정됩니다. 우리 함께 한 번씩 아버지를 만나서 식사도 좀 해요. 요즘, 여러 일을 하느라 수고 많지요? 한 달 동안 우리가 같이 밥을 먹었던 것이 한 다섯 번이나 되려나요? 바쁜 건 좋은 일이지만, 너무 여유가 없으면 마음이 힘들어질 것 같아요. 쉴 틈을 타서 혼자만의 시간도 갖고 몸도 마음도 쉴 수 있으면 좋겠습니다. 건강도 함께 챙겨요. 여보. 나는 내 주제를 알아서 이것 저것 해, 라고 하기도 싫고 그런 말을 잘하지도 못해요. 스스로 완벽하게 잘하면 모를까, 나도 못 하는 건데 상대방한테 잘하라는 소리를 하는 것을 못 하겠더라고요. 그렇지만 나도 아줌마라서 잔소리를 하게 되네요. 그렇지만 옛날 어머니들이 자식들한테 너희들 잘되라고 하는 말이라고 하는 것처럼 저도 그래요. 잔소리지만, 좀 달달하게 들어주세요.

요구사항이 있습니다. 한 달 중 이틀 정도는 휴가를 주신다고 오래전에 얘기하셨잖아요. 제게도 그런 시간이 너무 필요하고 중요해요. 나 혼자 캠핑을 다녀보고 싶어요. 그런 시간을 주시기를 기대합니다.

지금 주어진 상황에서 열심히 살아가요. 더불어 같이 살아나가요. 불평과 불만만 늘어놔봤자 좋은 일이 생기는 것이 아니니까요. 하루를 더 살고 싶어서 몸부림치며 버티는 아픈 사람들도 많이 있잖아요. 그에 비하면 우리는 얼마나 다행인가요! 요즘은 걱정이 있어도 딱히 걱정으로 여겨지지도 않고, 그냥 그런 것쯤이야, 라고 생각하게 되더군요. 당신이 알아서 나보다 더 잘 지내고 있지만, 그래서 걱정을 하지는 않지만, 그냥 당부의 말을 남깁니다.

파랑이와 나를 위해서 바쁜 와중에서도 이렇게 함께 해줘서, 시간을 내줘서 늘 고마워요. 익숙함은 편안함을 주지만 설렘을 앗아가지요. 저는 너무 편한 사람보다는 조금, 긴장감이 필요한 사람이고 싶어요. 만날 때마다 설레

133

고, 열 번을 만났지만 세 번쯤 만난 사람 정도요. 우리, 그
런 관계가 될 수 있나요?"

솔직하게 자신의 마음을 드러낸 편지였다. '나는 내 주제를 알
아서 이것 저것 해, 라고 하기도 싫고 그런 말을 잘하지도 못해요'라
는 부분이 먹먹했다. 스스로 자신을 초라하게 깎아내리는 것 같아
서였다. 실은 그게 아닌데, 그렇게 할 뿐이다. 오랫동안 머물렀던 익
숙한 골방에서 웅크리고 있는 것. 알아서 기는 것. 그게 내 주제라
는 뜻이다. 아프고 쓰라린 말이다. 그렇지만 다행인 것은 당당하게
뭔가를 요구하고 있다는 사실이었다. 혼자 캠핑을 다녀오고 싶다는
말을 할 수 있다는 것만으로도 굉장한 것이다. '요즘은 걱정이 있어
도 딱히 걱정으로 여겨지지도 않고, 그냥 그런 것쯤이야, 라고 생각
하게 되더군요'라는 부분은 박수를 보내지 않을 수 없었다. 뭔가 할
수 있다는 마음이 솟아나고 있다는 증거였다. 먹구름은 물러나게
되어있어! 먹구름이 있다고 하늘이 사라진 것은 아냐! 바로, 이런 외
침이 들리는 듯했다.

아이 엄마는 상기된 얼굴로 숙였던 고개를 들었다. 나는 읽은 후
느낌을 물어보았다.

"연애편지를 쓴 것처럼 설렙니다. 편지를 쓰는 동안에도 그랬어

요. 손편지여서 더욱 그런 것 같아요."

파랑이 아빠가 표현을 잘했다고 칭찬하면서 웃었다. 나는 '나는 내 주제를 알아서'라는 부분에서 어떤 마음으로 그렇게 적은 것인지 물어보았다.

"그것은요. 성향이라고 생각해요. 상황에 따라서 제 성향이 나오게 되거든요."

파랑이 엄마의 말은 두루뭉술했다. 조금 더 명료하게 들여다볼 필요가 있었다.

"그러시군요. 혹시 내가 생각하는 내 마음의 에너지가 몇이라고 여겨지시나요? 10점이면 제일 높은 것이고, 아주 없다면 0입니다."

파랑이 엄마는 잠시 망설이다가 답했다.

"5예요. 5 정도입니다."

파랑이 엄마 말이 마치자마자 파랑이 아빠가 답했다.

"저는 10이에요!"

파랑이 엄마는 이어 이렇게 말했다.

"저도 10이 되고 싶어요. 그렇게 되면 희망이 생길 것 같아요. 뭔

단호해야 합니다.

가 노력을 하는 삶으로 살 수 있을 것 같아요."

나는 고개를 끄덕이며 동감을 표현했다. 10이 될 수 있는 날이
올 거라고 응원의 말을 보냈다. 성향을 바꾼다는 것은 쉬운 일은 아
니지만, 못 할 일도 없다며 가능하다고 했다. 파랑이는 어떨 것 같은
지 물어보았다. 부부는 약속이라도 하듯 동시에 '9'라고 답했다.

"그래서 그럴지도 모르겠군요. 마음의 에너지가 '5'인 엄마한테
에너지가 '9'인 파랑이가 말을 잘 듣지 않는군요. 마음의 에너지가
'10'인 아빠의 말은 '9'인 파랑이가 잘 듣는 이유가요."

부부는 맞다고 답하며 웃었다. 이렇게 숫자로 표현을 해보니 분
명해 보인다고 입을 모았다. 이번에는 남편이 아내한테 쓴 편지를 읽
어보자고 했다.

"사랑하는 당신에게. 함께한 시간도 오래되지 않았지만,
오래된 우리가 된 것 같아요. 사랑으로 함께하게 되었고,
이제 부모로서 더 큰 사랑의 마음을 내고 있군요. 그렇게
당신은 내 곁에서 나를 믿어주고 기다려주고 지켜봐 주었
지요. 또 다른 내가 되어주어 감사하고 고마울 뿐입니다.
언제나 나를 믿어준 당신처럼 나도 당신을 믿고 항상 노
력하는 그런 사람이 되겠습니다. 지금까지도 너무너무 잘
해 준 당신에게 감사하다는 마음뿐입니다. 이 마음을 전

할 길이 없습니다. 항상 지금처럼 사랑하며 살아가요. 사랑합니다."

편지를 읽고 난 느낌을 물으니 남편은 이렇게 말했다.

"무슨 말을 써야 할지 모르겠더라고요. 제가 글을 쓴 건지, 글이 나를 쓴 건지⋯⋯."

아이 엄마가 쑥스러운 듯 웃으면서 말했다. 방금 들려준 말들은 평소에 자주 해주던 말이라고 했다. 고맙다, 사랑한다는 말을 자주 해주었다니! 이런 굉장한 남편이 한때 파랑이가 자라는 동안 곁에 없었으니 파랑이 엄마는 얼마나 우울했을까. 게다가 이미 내재되어 있던 우울 탓에 파랑이가 맞닥뜨린 문제를 극복할 힘을 낼 수 없었을 것이다.

이제, 아내가 당부하는 말을 실제로 행하게 하려면 어떻게 해야 할 계획인지 남편한테 물어보았다.

"한 달에 2박 3일 정도 혼자 떠나거나 같이 가더라도 혼자 시간을 보낼 수 있도록 해달라는 요청이거든요. 예전부터 약속했는데 잘 지켜지지 않았어요. 사실, 마음이 생겼을 때 해야 하는데 그럴 시간이 안 되기도 하고⋯⋯."

파랑이 엄마가 이렇게 부연해서 설명했다.

137

"충분히 이해해요. 그렇게 할 수 있도록 맞춰주겠습니다. 충동적으로 하지 않고 미리 계획해서 알려만 주면 저도 일정을 조절해서 해줄 수 있겠습니다."

파랑이 아빠는 아내의 손을 잡으며 말했다. 파랑이 엄마는 살짝 미소를 보였다.

다음 과제를 알려주었다. '미안합니다'라는 말로 시작하는 용서를 구하는 글을 부부가 서로에게 편지를 써오자고 했다. 또 파랑이한테도 같은 주제로 '용서' 편지를 써오도록 했다. 서로에게 줄 수 있는 편지지 색깔, 디자인을 잘 선택해서 써오도록 당부했다. 파랑이 아빠는 이렇게 덧붙여 말했다.

"이번 주는 꽤 바빴습니다. 어제 비로소 시간을 내서 파랑이와 놀아주었어요. 이제 알게 되었습니다. 모든 것이 관심이더군요. 제가 관심을 가지고 행동해야 바뀌는 거구나! 그걸 알았습니다! 그동안 관심을 많이 주지 못했다는 것도 깨달았어요. 그냥 돈을 벌기 위해 밖으로 돌아다니기만 했어요. 문제의 해결은 바로 관심, 사랑, 행동이라고 깨달았습니다. 결국은 제가 해야 할 몫이라는 사실도요!"

아, 파랑이 아빠! 이제야 이 사실을 깨닫게 되다니! 기쁘고 반가운 마음이 들면서 안타까움도 들었다. 너무나 당연한 사실이다. 관심을 가지고 행동해야 훈육이 일어난다. 파랑이가 지금까지 제대로 된 훈육을 받아오지 못했다는 것을 스스로 알아차리게 된 것이다. 관심과 사랑과 행동이 문제의 해결이 맞다. 결국 파랑이가 알아서 기저귀를 떼고 대소변을 가리면 되는 것이 아니라 엄마, 아빠가 내면의 힘을 갖춰서 올바른 훈육을 해야지만 순리대로 해결될 수 있다. 이제라도 이렇게 깨달았으니 축하해줄 수밖에 없었다. 나는 고개를 끄덕이며 응원의 큰 박수를 보냈다.

"마음의 에너지를 10으로 끌어올리고 싶다고 하신 말씀, 특히 인상적이었습니다."

나는 파랑이 엄마를 바라보며 이 말을 남겼다.

"네? 음…… 꼭 그래야만 하나요? 그렇게까지 올릴 필요가 있을까요?"

파랑이 엄마는 불과 몇 분 전에 한 이야기를 스스로 번복하고 있었다. 놀라운 것도 아니었다. 이렇게 헷갈리게 말하는 것도 골방에 오랫동안 파묻혀 지낸 까닭이므로.

"헷갈릴 수 있겠지만, 분명할 필요가 있습니다. 내가 원하는 것은 마음의 에너지를 10으로 한다, 좀 전에 말씀하셨거든요. 그렇게 마음을 품고 살아가다 보면, 반드시 그것이 이뤄질 날이 옵니다."

나는 이어서 이렇게 얘기했다.

단호해야 합니다

"아이한테 끌려다니지 마시고, 단호해야 합니다. 되는 것은 된다, 안되는 것은 안 된다고 해야 합니다. 그게 엄마의 역할입니다. 그래야만 올바른 아이로 성장할 수 있어요."

파랑이 엄마는 갑자기 망치로 머리를 맞은 듯한 표정이 되었다. 3초간 고정해서 나를 바라보다가 입을 열었다.

"저는 그동안 제가 엄마가 되기보다는 그냥 한 사람으로만 생각했어요. 엄마 역할을 할 생각을 미처 못했어요. 이제부터는 그렇게 해야겠습니다."

아이 엄마의 말에 아빠와 나는 함께 응원의 박수를 보냈다.

다시 다 함께 모였을 때 파랑이 엄마가 파랑이를 칭찬하는 얘기를 꺼냈다. 파랑이는 어제 스스로 팬티를 챙겨 입고 두 번이나 화장실에서 문을 닫고 스스로 쉬를 했다는 거였다. 쉬를 하는 걸 보지 말라고 하면서 화장실 문을 닫고 하더라는 거였다. 모두 환호를 지르며 칭찬을 듬뿍듬뿍 해주었다. 파랑이는 응원과 축복의 시선을 흠뻑 받고 어깨를 으쓱거렸다. 다 함께 '마침 노래'를 부르며 마무리를 했다.

일곱 번째 만남

미안합니다.

파랑이가 감기 증상을 보여서 한 주일을 쉬었다. 저번 회기 이후 두 주일 만에 만난 것이다. 티나 선생님이 지난 시간에 했던 '약속 노래'를 한 번 더 부르자고 했다. '여는 노래'를 한 다음 다 함께 약속 노래를 불렀다. 그런 뒤 서로에게 사랑하는 마음을 전해주는 '사랑 노래'를 불렀다. 서로서로 마주보면서 손으로 하트를 그리면서 부르기도 하고, 안아주거나 뽀뽀를 하면서도 불렀다.

파랑이는 엄마를 정말 사랑해
파랑이는 엄마를 정말 사랑해
사랑해 사랑해 사랑해 사랑해
파랑이는 엄말 사랑해

'엄마' 대신 '아빠'를 넣어서도 불렀다. 그렇게 노래와 몸동작을 한 뒤 과제를 나누었다. 파랑이한테 주는 '용서 편지'를 차례대로 파랑

미안합니다.

이 엄마와 아빠가 직접 읽어주도록 했다. 먼저 파랑이 엄마가 '용서 편지'를 파랑이한테 들려주었다.

파랑아, 미안해.

늘 심심하다고 하는데 들어주지 못해서 미안해. 채소, 과일, 생선, 고기를 잘 먹게 요리를 해줘야 하는데 그러지 못해서 편식이 생기게 한 것 같아서 미안해. 미용실에서 잘 지켜보고 있어야 했는데 바깥을 보고 있느라 뒷머리를 쥐 파먹게 깎게 되어 미안해. 딸기 먹고 싶다고 했는데 못 사줘서 미안해. 귀여운 척하지 말라고 해서 미안해. 치아 관리 잘못해서 치과 다니게 되어서 미안해. 무얼 좋아하는지, 무얼 원하는지 제때 알지 못해서 미안해. 축구 하자고 할 때 무슨 축구냐고 미룬 것 미안해. 순간순간 큰 소리 내어 미안해. 좋아하는 젤리 못 먹게 해서 미안해. 파랑이가 세 살 때, 어린이집에 안 가겠다고 했는데 억지로 6개월 동안이나 보내서 미안해. 그곳에서 많이 힘들어서 울었는데도 엄마는 계속 보내기만 해서 미안해. 그래서 한약도 먹고 병원에서 다니고 이렇게 치료를 받게 되었어. 힘들어했는데 억지로 관장시켜서 미안해. 모든 것이 엄마가 파랑이의 마음을 잘 알아차리지 못해서 이렇게 된 거야. 마음이 아파서 마음을 닫게 한 것도 미안해. 아직도 기저

귀 차고 친구들 눈치 보게 만들어서 미안해. 이제는 파랑
이 마음을 잘 보살필게. 사랑해, 파랑아.

다음으로 미안한 만큼 파랑이를 안아주면서 "파랑아, 미안해"라
고 하게 했다. 파랑이가 "괜찮아"라고 엄마 품에 포근하게 안겼다.
엄마는 파랑이가 강아지를 좋아한다며 강아지가 그려진 편지지에
써왔다고 했다. 그렇게 적은 편지를 봉투에 넣어 파랑이한테 건넸
다. 파랑이가 태어나서 처음으로 편지를 준 사람이 바로 엄마라는
사실을 함께 축하해 주었다.

연이어 아빠가 편지를 읽었다.

파랑아, 미안해.
아빠가 파랑이가 세 살 때, 아빠가 꿈을 향해 멀리 떠나
서 있었어. 엄마와 파랑이를 놔두고 멀리 가 있어서 엄마
를 많이 슬프게 했어. 그래서 파랑이를 잘 돌봐주지 못했
어. 엄마가 파랑이를 어린이집에 보내도록 만들어서 미안
해. 기저귀를 자꾸 한다는 것도 잘 몰랐는데 어느 날, 파
랑이가 잠을 잘 못 자고 울어서 그때야 알게 되었어. 파랑
이가 어린이집에서 상처를 많이 받아서 마음 문이 닫혔다

미안합니다.

는 사실을 알고 마음이 많이 아팠어. 그리고 언젠가는 아빠가 신경이 예민해져 있었는데 파랑이가 아빠 얼굴을 실수로 쳤는데 아빠가 엄청 화가 많이 나서 큰소리를 쳐서 놀라게 한 것도 미안해. 이제, 아빠가 파랑이와 엄마 곁에 늘 있을 거야. 지금처럼! 아빠를 용서해 줘.

– 사랑하는 아빠가 –

파랑이는 가만히 듣고 있다가 아빠한테 다가가 품에 안겼다. 그리고 "용서할게"라고 했다. 엄마는 슬며시 눈가를 훔쳤다. 함께 박수를 보냈다. 미안한 마음과 용서가 어우러진 현재를 축하했다. 파랑이한테 편지를 쓰면서 든 느낌을 물어보았다. 파랑이 엄마가 쑥스러운 듯 웃으면서 말했다.

"미안하다는 말을 하지 않았을 때는 미처 몰랐던 것 같아요. 그때그때 미안하다고 얘기했으면 좋았을 텐데…… 그러지 못했다는 생각이 방금 들었습니다. 고맙다, 미안하다, 사랑한다는 말을 평소에 잘해야겠어요."

파랑이 아빠는 이렇게 말했다.

"파랑이한테 그동안 내가 무척 무관심했다는 생각이 듭니다. 이 프로그램을 하면서 비로소 그런 생각이 들어요. 이제야 관심을 많이 가지게 되었어요. 그리고 마음이 편안해져 옵니다."

파랑이 아빠는 잠시 눈을 감으며, 지금의 이 순간을 깊이 들이마시는 듯했다. 대부분 일상에 관해서 그렇게 주의를 기울이지 않는다. 그저 당연하게 흘러가는 일상일 뿐이라고 여긴다. 일상을 함께하는 가족들한테도 그렇다. 늘 함께하는 사람, 늘 일어나는 일들, 늘 같은 공간에서 머물러있는 것들. 불가피한 일로 그 일상이 흐트러지면 그때가 되어서야 깨닫게 된다. 당연한 것은 세상에 없다는 것을. 모든 것이 감사하고 귀할 뿐이라는 것을. 일상이 어긋나는 아픔을 겪어야 비로소 일상의 귀중함을 알게 되고 그때, 내면의 성장이 일어나게 된다.

그렇게 일상이 무너진 상황에서도 소중함을 모르는 이들도 많다. 충격적인 상황 탓만 할 뿐, 일상을 함께하는 소중한 이들을 등한시하게 되기 때문이다. 위기를 귀한 기회로 삼게 되면 성장이 일어나지만, 위기라는 위험 속에 빠지게 되면 절망적인 삶으로 치닫게 된다.

파랑이가 대소변을 가리지 못하는 상황이라는 위기가 이들 가족에게 닥쳐왔다. 하루아침에 일어난 일도 아니다. 극복할 무수한 기회가 날마다 매 순간 주어졌지만, 초점을 맞추지 못하고 지내왔다. 당장 급한 학교 입학이 없었다면, 다시 몇 년을 허비했을지도 모른

미안합니다.

다. 올바른 훈육이 되었더라면 아이는 능히 기저귀를 떼고도 남았을 것이다. 관심을 제대로 두지 못했고, 자신 안에만 빠져 있었던 부모의 미숙한 양육 태도 때문이었다. 이렇게 미안한 사실을 두고 그저 넘어간다고 미안함이 사라지지 않는다. 미안하다고 고백하는 것은 두 가지 의미를 가진다. 그런 일이 일어나게 했던 것, 아이에게 아픔을 줬던 것에 대한 미안함이다. 그리고 지금까지 합리적이지 못했던 양육 태도를 성찰하고 잘하겠다는 다짐이다. 마음에는 있지만, 표현하지 않는 것에서 마음과 표현이 함께 우러나오게 될 때 효과는 커진다.

우리는 흔히 "미안하다"고 말하기를 꺼린다. 미안할 짓을 하지 않으면 미안할 일이 없지 않겠냐는 논리를 세운다. 미안할 언행을 안 하면 되는 것 아니냐는 것이다. 미안하다는 말로 이미 미안한 상황을 만들어 놓고 무마하는 거냐고, 상대방이 오히려 더 기분 나빠하면 어떻게 하냐고 생각하기도 한다. 그러니, '미안하다'라는 말로 상대방이 얕잡아보게 만드는 것은 아닌가 해서 미안한 마음이 있지만, 그 말을 하지 않으려 든다. 그렇게 말하는 것보다 미안할 짓을 안 하도록 노력하는 것이 더 나은 것이 아닌가 생각한다. 이 모든 경우는 '미안하다'라는 말을 하지 않으려는 수작에 불과하다.

그러니까 사과하지 않으려는 합리화다. 용서를 구하고 청하는 것은 약한 자들이 하는 거라고 오해하기 일쑤다. 사실, 그렇지 않다. 용서해 달라고 말하거나, 미안하다고 하는 것은 내면이 강해야 입을 열 수 있다. 내면이 허술하면, 아예 상대방을 쳐다보지도 않고 회피하려고만 든다. 진정 어린 용서를 구하거나 미안하다고 하는 것은 그만큼 진솔하게 그 상황을 보고 있다는 것이다. 미안했던 일을 피하지 않고 보는 '직면'이 결국 '미안함'으로 이어져서 용기를 내어 고백할 수 있게 된다. 진솔한 마음을 있는 그대로 말할 때 용서가 일어난다. 용서는 곤란하고 혼돈된 상황을 잘 가다듬어 흐르게 한다. 고였던 웅덩이에서 물꼬를 터서 흘러가면, 결국 바다로 간다. 모든 것을 받아들이고 포용하는 바다의 큰 에너지를 얻게 되는 것이다.

지금, 우리 파랑이 가족들이 바로 바다의 에너지를 느끼고 있는 놀라운 기회를 얻게 된 것이다. 미안하다는 용기를 담은 고백에서 시작된 것이다.

모두 다 함께 반듯하게 누워 보자고 했다. 그런 다음, 복식호흡을 할 수 있도록 안내했다.

"이제 눈을 감아볼까요? 온몸의 힘을 뺀 채 숨을 내쉬기를 바랍니다. 숨을 내쉴 때 입으로 충분히 뱉어내시면 됩니다. 내쉬는 호흡에만 집중해도 저절로 자연스럽게 들이마실 수 있습니다. 약간 소리가 날 만큼 내쉬어 보세요. 그다음에는 코로 들이마십니다. … 네 좋습니다. 다시 길게 후~ 하고 내쉬고, 코로 들이마십니다. 내쉴 때

미안합니다.

배가 들어갑니다. 들이마시면 약간 배가 나옵니다. 배에 양손을 얹어 보실까요? 다시, 후~ 내쉬면 배가 들어가고, 들이마시면 배가 나옵니다. … 네, 잘하고 있습니다. 다시 내쉬면 배가 들어가고, 들이마시면 배가 나옵니다. 네. 좋습니다. 이제 손은 바닥에 자연스럽게 놓으면 됩니다."

이제 모두 바다를 향해 마음 여행을 떠날 차례였다.

나는 지금 바다에 누워있습니다. 여기는 바다입니다. 아주 찰랑거리는 바다 물결 위에 놓여있습니다. 바다가 푸르고 맑습니다. 나는 바다 위에 편안하게 누워있습니다. 하늘이 푸르고 맑습니다. 하늘에 하얀 구름이 흘러가고 있습니다. 아주 싱그럽고 맑은 공기가 가슴으로 들어옵니다. 내 위에는 태양이 떠 있습니다. 햇빛이 나를 감싸줍니다. 햇빛이 내 머리를 감싸줍니다. 머리가 태양빛으로 환해집니다. 얼굴이, 목과 가슴이 태양빛으로 환해집니다. 배가 태양빛으로 환해집니다. 태양빛이 내 배를 어루만져 줍니다. 태양빛이 내 배를 가만히 가만히 어루만져 주고 있습니다. 태양빛을 그대로 느껴 보시기를 바랍니다. … … 이제 태양빛이 내 다리와 발까지 내려옵니다. 이제 내 몸은 태양빛으로 물들어 있습니다. 머리끝에서 가슴, 배를 거쳐서 다리와 발가락 끝까지 태양빛이 감싸주고 있습니다. 그리고 나는 편안하게 바다에 떠 있습니다. 바다 물결이 그대로 느껴집니다. … … 지금, 태양빛을 느낀 것처럼 태양빛은 언제나 나와 함께하고 있을 겁니다. 태양빛은 내가 배가 아플 때 내 배를 어루만져 주고, 그러면 배는 편안해집니다. 태양빛은 내가 힘들 때마다 나를 어루만져 줍니다. 특히 내 배를 자주, 많이 어루만져 줍니다. … 이 태양빛을 그대로 느낀 채 누운 채 눈을 뜨시면 됩니다.

태양은 강렬한 에너지의 상징이다. 태양이 보내는 빛이 온몸 속속들이 비춰준다는 상상만으로도 몸은 환해진다. 몸만 그렇게 되는 것이 아니라 마음마저 밝아진다. 특히 자주 고여있는 변 때문에 파랑이의 배는 심각한 통증이 일어나곤 했다. 그 배를 태양빛이 어루만져 주다니! 상상만 해도 배가 따뜻해질 것이다. 장운동이 활발하고 배가 편안해질 것이다. 파랑이 엄마한테는 그 태양빛이 마음에 가득 번지는 상상만으로 멋진 에너지를 얻게 될 것이다. 눈을 감고 떠올리지 않아도 괜찮다. 눈을 뜬 채 상상해도 같은 효과를 누릴 수 있다.

이제 눈을 뜬 다음 그대로 누운 채로 경험한 것을 함께 나누었다. 파랑이 엄마가 말했다.

"바다 위에 내가 누워있었어요. 바다 위인데도 하나도 젖지 않았

미안합니다.

어요. 파도가 잔잔했고 물결이 가볍게 찰랑거렸어요. 태양빛이 내 몸을 비춰주고 있었어요. 태양빛이 환하고 엄청 따뜻하게 내리쬐는데 하나도 뜨겁지 않았어요. 내가 너무 가벼워서 공기가 된 느낌이었어요. 온몸이 완벽하게 이완되었어요!"

파랑이 아빠는 이렇게 말했다.

"저는 노을이 되었어요. 주황색, 황금빛 몸으로 바뀐 채로 누워 있었어요."

경험한 것을 나누기만 하는데도 그 느낌이 고스란히 전해왔다. 지금, 이 치료실이 바다가 되고, 노을이 되었다. 파랑이는 아무것도 안 느꼈지만, 누워있으니 좋다고 했다.

개인 치료실로 이동해서 부부치료를 했다. 그동안 티나 선생님은 2절지 도화지에 집과 주위 풍경을 그리는 작업을 파랑이와 함께 할 것이다. 집, 학교, 수영장, 무대를 그린 다음 그린 부위를 반쯤 오려서 화면 위에 세울 수 있도록 할 예정이다. 그렇게 한 작업은 다음 시간에 활용할 계획이다.

부부가 서로에게 써온 '용서' 편지를 읽기 전에 과제를 행하면서 든 마음을 먼저 말해보자고 했다. 파랑이 엄마는 이렇게 말을 꺼냈다.

"여러 가지 마음이 들더군요. 특히 제가 평소에 늘 걱정스러운 마음이 자주 들곤 했는데 그런 마음이 들어 미안하다고 했어요. 한편으로는 이런 마음도 들었어요. 남편은 자유로운 영혼인데 이렇게 매여 살게 해서 미안하더군요. 늘 그런 마음이 있었는데 그 마음을 글로 적었어요."

파랑이 아빠가 이어 말했다.

"미안하다는 말을 썼는데, 이렇게 쓸 수 있어서 고맙고 미안하다는 생각이 들었습니다. 고맙다는 마음이 더 커졌어요."

각자 써온 '미안합니다'로 시작하는 편지를 읽어보자고 했다. 먼저 파랑이 아빠가 읽었다. 하얀 편지지에 이런 문구가 인쇄되어 있었다. "Your smile completes my day!"

> 아내에게.
> 자기에게 늘 나는 너무 편하게만 대했던 것 같아요. 부부지만, 적당한 거리를 두어 약간의 불편함과 배려가 필요한데도 그렇게 하지 못했습니다. 무엇보다도 당신의 마음을 알아주지 못했어요. 당신이 어렵고 힘겨운 삶을 지금껏 이겨왔기에 버팀목이 되어주는 큰 존재라고만 믿고 그렇게만 여겨왔어요. 사실 당신은 내게 그렇게 큰 힘이 되어 주었지요. 그렇더라도 내가 더욱더 마음을 나누어야 했는

미안합니다.

데 내 마음을 잘 쓰지 못했습니다.

당신의 마음을 고스란히 알아차리고 실천한다는 것이 쉬운 일은 아니지만, 항상 노력하려고 합니다. 그동안 당신의 마음을 알아주지 못한 것에 대한 미안함이 가득합니다. 마음을 잘 나누지 못해서 미안합니다. 정작 가장 가까이에 있는 당신과 함께 나누지 못했던 것들이 많아서 미안할 뿐입니다. 미안합니다. 그리고 사랑합니다.

- 남편 드림 -

파랑이 아빠의 진솔한 마음이 느껴졌다. 파랑이 아빠는 예술적인 기질이 다분했다. 노래를 불렀지만, 그것이 돈이 되는 것은 아니었다. 가장으로서 책임을 지는 일을 등한시하기도 했다. 그러다가 최근에는 지인과 함께 택배 일을 하고 있었다. 그렇게 일한 것도 3년 전부터였다. 조금씩 자리를 잡아 나가는 중이었다. 가계를 이끌어나가고 책무를 다해나가는 중이었다.

다음은 파랑이 엄마의 차례였다. 파란 물결이 하단에 있고 우주복을 입은 토끼가 하늘을 날면서 눈을 감고 환하게 미소를 머금고 있는 그림이 있는 파란색 편지지에 쓴 글을 읽어 내려갔다.

미안합니다. 여보.

몇 가지 할 줄 아는 게 없어서 끼니때마다 맛있는 반찬을 못 해줘서 미안합니다. 양말 잘 벗어 놓으라고 잔소리해서 미안합니다. 순간순간 버럭 화를 내서 미안합니다. 시부모님, 형제분들한테 마음만 있지 실제로 잘 챙기지 못해서 미안합니다. 자고 싶을 때 자게 해야 하는데 아침마다 내가 운동하느라 기계 소리를 삑삑거리며 내어서 미안합니다. 나도 맞벌이해서 가게에 도움이 되면 좋겠는데 그러지 못해서 미안합니다. 두루마기 한복을 꼭 해주고 싶었는데 아직 못 해주고 있어서 미안합니다. 파랑이 돌본다는 핑계로 바깥일을 거들어주지 못해서 미안합니다. 개념 없다, 깜빡거린다며 놀려서 미안합니다. 기념일과 생일을 다 못 챙겨서 미안합니다. 또 내 것은 안 챙긴다고 토라지곤 해서 미안합니다. 편식한다고 핀잔줘서 미안합니다. 파랑이한테 안아주는 것처럼 자기한테는 그렇게 못해서 미안합니다. 집에 있는 해먹을 못 타게 해서 미안합니다. 지치고 힘들긴 마찬가지일 텐데 그 마음을 깊이 헤아리지 못해서 미안합니다. 노래나 영화를 볼 때 소리를 낮추라고 화를 내서 미안합니다. 나는 운전도 안 하면서 운전 좀 정신 차리고 해, 라고 해서 미안합니다. 그림을 그리고 싶다고 했는데 그 말을 무시해서 미안합니다. 일하다 보면 좀 큰 차가 필요한데 그것도 못 사줘서 미안합니다. 가끔 야식

미안합니다

을 먹고 싶을 때 먹는다고 뭐라고 해서 미안합니다. 내 생
각대로만 내 마음대로만 판단해서 미안합니다. 치과 치료
를 받아야 하는데 못 받고 있게 되어서 미안합니다. 자유
로운 사람을 가장이라는 이름으로 가정에 묶이게 해서 미
안합니다. 쉴 시간, 혼자만의 시간 없이 생활하게 해서 미
안합니다. 알라딘 영화 보자는 것 안 본다고 해서 미안합
니다.

미안합니다. 그리고 고맙습니다. 사랑하고 감사합니다. 말
로 이 마음을 다 표현하지 못해서 미안합니다. 당신만의
개성을 인정하지 못해서 미안합니다. 이런 모든 것들이 다
미안합니다.

-아내 드림-

서로 읽어주고 난 뒤의 느낌을 말해보자고 했다. 파랑이 아빠가
말했다.

"내가 더 미안해요. 마음을 잘 알아주지 못했어요. 아내가 오히
려 나를 더 잘 알아줍니다. 저는 집중하지 않거나 내 마음에 들어오
지 않으면 관심이 없어서 기억을 잘 하지 않거든요."

파랑이 엄마가 붉어진 눈시울로 차분하게 말을 이었다.

일곱 살 파랑이는 왜 기저귀를 떼지 못했을까?

"눈물이 나는데…… 지금 참고 있어요. 해주고 싶은 것을 못 해주는 미안한 마음이 큽니다. 남편이 쓴 글은… 별로 감흥이 없어요. 옆에서 편지를 적는 것을 봐서 그런지… 다 보지는 않았지만, 곁에서 쓰는 걸 봤거든요. 뭔가 뚝딱 만든 느낌이에요. 저는 오랫동안 이번 주 내내 준비했어요. 남편이 눈치와 감각이 없어서 제 마음을 잘 공감해주지 못하는 것 같아요. 타인은 그래도 별로 상처가 되지 않지만, 남편이 그러면 제 마음에 남아요. 더불어 같이 살고 있으니 그런 것 같아요."

파랑이 엄마는 두 가지 감정을 동시에 느끼는 듯했다. 남편한테 고마우면서도 원망스러운 마음. 많이 기대하는 만큼 원한도 커졌을 것이다. 사랑은 받기를 기대하는 마음이 아니라 줄 수 있는 것 자체로 감사하는 마음이다. 받으려고 하면 늘 실패를 거듭하게 된다. 가까운 관계일수록 그 실패는 원한으로 자리하게 된다. 그저, 사랑을 줄 수 있는 대상이 있는 것에 감사하면 행복해지기 마련이다. 머리로는 알고 있지만, 실천에 옮기기도 쉽지 않다. 파랑이 엄마는 결정적으로 청소년 시절 떠나보내야 했던 엄마의 사랑, 충만하지 못했던 아빠의 사랑으로 인한 빈자리가 컸을 것이다. 남편이 빈자리를 메꿀 수 있을 거라고 생각했지만, 현실은 그렇지 않았다. 주는 것만으로도 행복할 수 있다고, 충분히 그럴 수 있다고 할지 모르지만, 그것도 아니다. 인간은 누구나 주고받기를 원하지, 주는 것만으로 만족하지

미안합니다.

못한다. 다만, 주는 것에 의미를 더 많이 가지는 것으로 초점을 맞춰 나가야 행복할 수 있다는 것인데, 결코 쉽지 않은 노릇이다. 남편은 예술가 기질이 다분하니, 세상 물정을 잘 모른다. 그러니 가장으로서 책임을 질 사람이 아니다. 그래도 좋다. 그런 남편을 사랑하니 그저 내 마음에 사랑하는 마음만 가득한 채로 살 것이다. 언젠가 파랑이 엄마는 이런 생각을 했을 것이다. 사랑만 있으면 살 수 있을 거라고 다짐한 적도 있었을 것이다. 그런데 살다 보니, 그게 아니라는 생각이 스멀스멀 올라왔을 것이다. 꽉 차오르는 사랑의 마음으로 가슴의 텅 빈 곳이 늘 채워지는 것도 아니었다. 차오르고 채워지는 것을 외부에서 바란다면, 분명 한계가 보이고, 얼마 지나지 않아 바닥이 드러난다. 내 안에서 끊임없이 채워질 수 있는 방법이 아니면 소용없다. 파랑이 엄마는 사랑을 원하는 대로 전해주지 못하는 남편에 대해 새롭게 눈뜨기 시작한 시간이 있었을 것이다. 그 섭섭함으로 인해 '내 마음을 잘 알아주지 못하는 남편'으로 낙인찍기에 이르렀다. 그런데 어느 한편으로 생각해보면, 남편은 타고난 성향으로 그럴 뿐인데, 왜 책임감이 없냐고, 왜 공감을 못 해주냐고 닦달하는 것이 맞지 않다고 여길 수도 있었다. 자유롭게 원하는 대로 사는 남자를 만나서 결혼을 하게 된 이후, 가장이라는 멍에를 씌워 놓아서 미안한 마음이 들기도 한 것이다. 그러니, 원망과 미안, 섭섭함과 안쓰러움이 골고루 배어있는 셈이었다.

파랑이 엄마를 따스한 눈빛으로 바라보았다. 파랑이 아빠한테 파랑이 엄마가 탁월하고 독특한 점이 무엇인지 물어보았다.

"사실, 결혼은 파랑이 엄마의 선택에 제가 응한 거였어요. 저는 누구나 저와 결혼을 하면 상대방이 나를 보면서 애를 태울 것 같았거든요. 그래서 결혼을 안 해야 하는 것이 맞겠다고 여겼지요. 그런데 파랑이 엄마라면 할 수 있겠구나 싶었어요. 결혼하면 자신은 죽지 않을 것 같다고 했거든요. 내 삶으로 누군가를 구해줄 수 있다면 당연히 결혼해야겠다고 결정했지요. 막상 결혼하고 나서 보니, 내가 구해준 게 아니라 파랑이 엄마가 저를 구하고 살려주고 있습니다. 그래서 제 꿈과 뜻을 같이 펼치면서 이렇게 살아가고 있어요."

떨리는 음성으로 파랑이 아빠가 말을 마쳤다. 나는 서로에게 미안함과 감사함을 담아서 포옹하도록 했다. 서로의 눈가에 눈물이 맺혔다. 잠시 그렇게 가만히 머물렀다.

여러 감정이 교차할 수 있다. 흔히 가까운 사이일수록 잘해주지 못했던 마음과 원망이 뒤죽박죽 들 수 있다. 그렇지만 미움과 원한을 내려놓고 사랑을 띄우게 되면 분명해진다. 더 잘해주지 못했던 미안함과 그럼에도 불구하고 이렇게 함께 견뎌내고 있는 감사함이 우러나오게 된다. 지금, 두 사람은 함께 연결된 아름다운 사랑의 끈을 잡고 있는 중이다.

그동안 파랑이가 어떻게 지냈는지 물어보았다. 감기가 심해서 일

미안합니다.

주일 동안 활동 없이 지냈고, 어디 나가지도 못했다고 했다. 기저귀
는 옷장의 한쪽 구석에 넣어 두었다고 했다. 파랑이가 보이지 않는
곳에 넣어두고는 하나씩 꺼내 썼다고 했다. 오늘도 팬티를 입지 않
으려고 해서 약속한 대로 팬티를 입어야 한다고 하니 귀찮다고 하더
라는 것이다. 그러면 물놀이하러 안 간다, 티나와 시아 선생님께도
안 간다고 단호하게 말해서 겨우 팬티를 입었다고 했다. 나는 이제
때가 되었다며, 기저귀를 아예 치우자고 했다. 프로그램도 중반을
넘어선 상태니, 지금부터는 이렇게 해도 될 때라고 했다. 파랑이 엄
마는 잠시, 멍한 표정으로 나를 바라보았다. 과연, 그렇게 해도 될까
요? 이렇게 되묻고 싶었을 것이다. 백 번을 물어도 똑같이 답할 자신
이 있었다. 네! 과연, 그렇게 합시다!

언제 치울지 결정하라고 하니 부부는 잠시 상의했다. 거사 일을
8월 8일로 정했다. 파랑이의 생일이 8월 8일이고, 그때가 되면 8살
이 된다고 파랑이 아빠가 말해왔다고 했다. 언젠가 파랑이가 스스
로 했던 말, 여덟 살이 되면 기저귀를 뗄 거라고 했던 그 말을 마침
내 성취할 때가 된 것이다. 절묘한 날짜였다!

다시, 집단 치료실로 와서 파랑이와 같이 진행했다. 티나 선생님
과 같이 한 '우리 마을 이야기' 그림판이 완성되었다. '마침 노래'를
부르기 직전에 8월 8일에 기저귀를 치울 거라고 하니 파랑이는 울
상이 되어 고개를 저었다. 화를 내며 심하게 저항해도 감행할 예정

이었다. 놀랍게도 파랑이는 얌전하게 받아들였다. 약속을 지키자며 손가락을 걸기도 했다. 파랑이와 함께하는 과제로 8월 8일에 기저귀를 치우고 나서 치료사한테 치웠다는 문자를 보내 달라고 했다. 파랑이 엄마는 그러겠다고 답했다.

"하루에 한 번씩 하는 과제를 내 줄 테니, 해오시기를 바랍니다. 각자 서로를 칭찬하자고 해보세요. 하루에 한 번씩 꼭 칭찬을 해주시기 바랍니다. 서로가 서로에게요. 파랑이는 아빠와 엄마한테, 아빠는 엄마와 파랑이한테, 엄마는 아빠와 파랑이한테!"

그리고 특별히 엄마는 파랑이한테 가족 이름을, 아빠는 집 주소 쓰는 것을 알려주도록 했다. 마치기 직전, 파랑이 엄마가 이렇게 말했다.

"제가 남편한테 기대를 많이 하는 것 같아요. 그렇지만…… 제가요. 아버지가 암 말기여서 걱정되어 울고 있으면 겨우 그런 일로 운다고 그렇게 말합니다."

파랑이 아빠가 이어 대꾸했다.

"눈에 보이는 것만 보고 얘기를 하면 할 말이 없어요. 파랑이 엄마는 강합니다. 굉장히 강한 사람이에요. 고통스러운 삶을 산 것 같이 보이지만, 똑똑하고 당찹니다. 너무 똑똑해서 생각을 많이 하니

미안합니다.

까 그런 것 같아요."

파랑이 아빠가 퉁명스럽게 말했다. 사랑의 포옹 효과는 단지 10분뿐이란 말인가? 파랑이 엄마의 잠재력이 강하다고 본 것은 멋진 표현인 것 같지만, 그 마음에는 여러 복잡한 감정이 들어있다. 파랑이 아빠는 내면에는 활달함이 가득 들어차 있는데, 때로는 생기발랄하지만 또 다른 면으로는 아이와 같은 마음이 있다. 신나면 행복해하고, 진지하고 무거우면 시무룩하다. 파랑이 엄마의 눈물을 피하고 싶은 마음이 발동했을 것이다. 그 마음을 달래 주고 위로해주기보다는 눈물이 주는 중압감에서 벗어나고 싶은 마음이 순간 작동했을 것이다. 파랑이 아빠의 마음에는 파랑이 엄마의 눈물이 빨리 멈췄으면 했고, 그래서 공감해주는 말이 아니라 투정 부리는 말로 튀어나왔을 것이다. 상대방의 입장에서 생각하고, 상대의 처지에서 느껴 보는 것은 쉽지 않다. 성숙한 마음이 들어야만 그렇게 할 수 있다. 하지만 그 성숙을 언제까지 기다리고 있을 수만은 없다. 부족하고 미숙하지만, 이미 존재하고 있는 '사랑'을 소환해야 했다.

"조금 전에, 안쪽 치료실에서 서로 미안해하면서 안아주었던 것을 기억하시지요?"

그리고 파랑이 아빠를 보며 이어 말했다.

"그 어떤 귀한 것보다 더욱더 소중하게 아내를 대해주시기를 바랍니다. 강해 보이는 마음이라도 소중하게, 다정하게 대하셔야 합니다."

아이 아빠는 고개를 끄덕이며 그렇게 하겠다고 답했다. 파랑이는 그동안 '잘했어!' 스티커를 31개나 모았다고 자랑했다. 미리 준비해뒀던 앤서니 브라운의 몽키가 손을 벌리고 서 있는 그림이 그려진 메달을 상으로 주기로 했다. 한 달 전, 티나 선생님과 같이 서울 전시회에 갔을 때 산 것이다. 메달을 보자마자 파랑이를 떠올렸다. 저걸 상으로 주면 좋겠어! 우리는 동시에 그렇게 생각하고 구입해서는 잘 보관해 놓았다. 그때만 하더라도 파랑이는 칭찬판에 스티커를 하나도 모으지 못했다. 분명 잘하게 될 거라고 믿었다. 이제, 그날이 온 것이다. 그럴듯하게 시상식을 하듯 파랑이 목에 메달을 걸어주었다. 모두 함께 파랑이한테 큰 박수를 보냈다. 앞으로 스티커를 50개를 더 모으면 메달을 하나 더 딸 수 있다고 말해주었다.

다음 회기에는 본격적으로 기저귀한테 작별식을 거행할 것이다! 파랑이 엄마한테 다음 시간에는 쓰던 기저귀를 하나 가지고 와달라고 귀띔했다.

미안합니다.

여덟 번째 만남

기저귀 작별식.

이번 시간에 티나 선생님은 치료 악기를 준비했다.

먼저 원하는 악기를 하나씩 선택하도록 했다. 그런 다음 자연스럽게 악기를 두드리거나 흔들면서 연주하면 된다고 했다. 그리고 가족 모두 돌아가면서 지휘자가 되었다. 지휘자가 손으로 누군가를 가리키면 그 사람이 악기 소리를 내면 되었다. 연주이자 즐거운 놀이였다. 집게손가락 모양의 플라스틱 지휘봉도 준비했다. 누구나 연주자가 되고 누구나 다 지휘자가 되어 놀았다. 캐스터네츠, 카바사, 셰이커, 마라카스들이 흥겹게 춤을 추며 한데 어울렸다.

그러고 나서 터치벨로 '새들의 결혼식', '징글벨'을 연주했다. 티나 선생님이 악기 연주법을 설명하고 파랑이가 연주할 수 있도록 도왔다. 파랑이는 몇몇 음을 뒤늦게 치곤 했지만, 틀리지 않고 잘 연주해 냈다.

이어 저번 회기에 만들어 두었던 '우리 마을 이야기판'에 모였다.

기저귀 작별식.

4절지 도화지에 집, 수영장, 학교, 무대가 그려져 있었다. 파랑이와 첫 회기를 하기 직전에 사 두었던 동물 인형도 꺼냈다. 동물 인형 중에서 각자 원하는 인형을 선택하도록 했다.

파랑이는 사자, 엄마는 영양, 아빠는 코끼리, 시아(치료사)는 기린, 티나는 판다를 선택했다. 자신의 나이를 소개하게 했다. 사자는 일곱 살인데 곧 여덟 살이 된다고 했다. 영양은 여섯 살, 코끼리는 일곱 살, 기린이는 일곱 살, 판다는 다섯 살이다. 다 함께 파랑이 집에 모여서 신나게 노는 장면을 연출했다. 기린과 코끼리는 번갈아가면서 "잠깐만, 화장실 다녀올게"라고 하면서 다녀왔고, 영양도 그렇게 했다. 집, 학교, 무대, 수영장을 돌아다니며 노는 장면을 자유롭게 연출했다. 한 번씩 팬티를 입어야 한다는 말을 슬쩍슬쩍 언급했다. "여기는 팬티를 입고 오는 곳이야. 다들 입었어?" 이런 식이었다. 이런 말을 할 때마다 파랑이는 눈치를 보면서 풀이 죽는 모습이었다. 사자도 할 수 있다고 동물 친구들이 응원을 해주었다. 사자야, 홧팅! 할 수 있어! 모두 소리 내어 외쳤다.

다음으로 파랑이가 자신의 이름을 써보도록 했다. 도화지에 마치 그림을 그리듯 색연필로 글씨를 썼다. 그렇게 시도하는 것에 대해서 충분히 칭찬과 격려를 해주었다. 주소는 어려워서 아직 연습하지 못했다고 했다.

이제, 드디어 기저귀와 작별식을 할 차례였다. 돌아가면서 기저귀한테 작별 인사를 하도록 했다.

"그동안 수고했어, 이제 파랑이는 팬티를 입을 거야. 이제 훨훨 날아가렴. 가서 기저귀가 꼭 필요한 아기한테 가렴!"

파랑이 아빠가 이렇게 인사를 먼저 건넸다. 파랑이 엄마도 이렇게 말했다.

"기저귀야, 수고 많았어. 그동안 파랑이를 잘 돌봐줘서 고마워. 이제 파랑이는 기저귀 없이 살아갈 거야. 아기한테 가서 도와주렴."

이제, 파랑이가 작별할 차례다. 파랑이는 기저귀 곁으로 다가갔지만, 뻘쭘하게 선 채로 간단하게 "안녕. 잘 가"라고만 했다.

몇몇 색깔의 보자기를 준비해놓고 파랑이가 선택하게 했다. 파랑이는 빨간 보자기를 선택했고, 거기에 기저귀를 쌌다. 파랑이는 순간, 아빠 품에 안겨서 손으로 얼굴을 가렸다. 나는 아빠 품에서 나와서 반듯하게 앉아서 지켜보도록 했다. 그렇게 바라보던 파랑이가 애꿎은 색연필을 발로 자꾸만 찼다. 기저귀를 떠나보내는 것이 쉽지 않은 것 같았다. 그렇지만 단호해야 했다. 나는 발로 차지 말고 앉아서 차분하게 기저귀를 보내주자고 했다. 이제 빨간 보자기로 싼 기저귀한테 다 함께 한목소리로 작별을 고했다.

"잘 가. 안녕!"

기저귀 작별식.

다 함께 한목소리로 간절한 염원을 담아서 작별 인사를 했다.

"이제 파랑이와는 만나지 않을 거야!"

빨간 보자기가 이렇게 답하며, 멀리멀리 날아가는 모습을 연출했다. 하늘로 날아가고 있구나, 날아가서 기저귀가 필요한 아기한테 갈 거구나!

그런 다음 미리 사놓은 생일 케이크를 꺼냈다. 내일이 파랑이 생일이라는 것을 미리 알고 있었다. 내일은 약속했던 8월 8일이다. 오전 열 한시부터는 파랑이한테 기저귀는 더 이상 없을 거라는 얘기를 한 번 더 했다. 예전에 파랑이가 엄마, 아빠한테 약속했던 대로 이제 여덟 살이 되니 기저귀하고 작별해야 하기 때문이라고 했다. 남아있던 기저귀는 필요한 이웃한테 줄 계획이라고 파랑이 엄마가 담담하게 말했다. 생일 축하 노래를 부르며 케이크를 자르고 손뼉을 치면서 파랑이를 마음껏 축하해주었다.

울며 겨자 먹기로 얼떨결에 파랑이는 말대로 하게 되었다. 여덟 살이 되면 기저귀를 안 할 거라고 했던 대로 할 것이다. 어떤 마음이 들었을까. 기저귀한테 매달리고 싶은 마음도 있었으리라. 아직 떠나보내고 싶지 않기도 했으리라. 억지로 변기에 앉혀 괴롭혔던 어린이집 교사, 지옥 같던 어린이집을 계속 보내던 엄마, 도대체 어디 있는지도 모를 아빠한테 할 유일한 보복이 되어준 기저귀! 어린이집에 더 이상 가지 않아도 되는 이유가 되었던 기저귀! 기저귀를 갈아주는 엄마가 항상 곁에 있어야 하니, 엄마가 직장을 잡지 않도록 막아주었던 기저귀! 이래저래 기저귀는 파랑이한테 무기이자 떼놓을 수 없는 친구였다. 그 기저귀한테 작별 인사를 해야 할 시간이 되었다니! 지금, 파랑이는 울고 싶을까, 웃고 싶을까. 뒤죽박죽 뒤섞인 심정을 어떻게 추스르고 있을까. 이제 일은 벌어졌다. 파랑이가 더 이상 떼를 쓰거나 울고불고 매달리지 않는 것만으로도 성공을 향한 길로 이미 들어선 것이다.

부부치료를 하면서 파랑이의 변화 정도를 물어보았다. 파랑이 아빠가 대소변 가리기를 스스로 하려고 하는 모습이 보인다고 했다. 파랑이 엄마는 식사 시간에 휴대폰을 보지 않는 것은 두세 번 정도만 하고 잘 안 하더라고 했다. 그때마다 약속을 말해주지만, 귀담아듣는 것 같지도 않더라고 했다.

되풀이해서 약속을 지키도록 하자고 할 수밖에 없다고 했다. 하루아침에 습관이 바뀔 수 없기 때문이라고 했다. 귀찮더라도 계속해서 그렇게 해야 한다고 타일러주라고 했다. 파랑이 엄마는 그렇게 하겠다고 했다. 파랑이가 팬티는 계속 입긴 하지만, 여전히 변을 묻힌다고도 했다. 배가 아플 때 화장실을 가야 하지만 안 간다는 거였다. 팬티가 5장 있었는데 5장 더 샀다고 했다. 팬티를 입어야 한다는 인식은 하는 것 같다며, 저번 주부터는 줄곧 팬티를 입었다고 했

기저귀 작별식.

다. 이어 파랑이 아빠가 말했다.

"팬티에 지리면 안 된다고 해야 해요. 기저귀처럼 그러면 안 된다고 그렇게 시켜야겠습니다. 팬티에 당연히 싸야 한다는 생각을 가지면 안 될 것 같아요. 지금 단계에서 잘해야 할 것 같습니다. 여기서 습관을 잘못 들이면 안 될 거예요. 변기에 앉는 것이 목적이 되어야겠지요."

파랑이 엄마가 이어 말했다.

"배가 아플 때 화장실에 가야 한다는 걸 아는 것이 중요할 것 같아요. 응가에 대해 잘 인식하지 않는 것 같아요. 그나마 쉬는 좀 가리는데…… 그리고 여쭤볼 말이 있어요. 8월 6일에 치과에 가야 하는데…… 충치가 네 개가 있거든요. 한 개는 심하고요. 나머지 세 개는 뽑아야 한다고 들었어요. 그렇지 않아도 병원에 대한 트라우마가 있는 아이인데, 그나마 한 번씩 병원에 갈 때 괜찮았던 마음의 문을 완전히 닫으면 어쩌나 걱정이 됩니다."

그러니까 치과에 가야 하는데 치료를 받다가 아프게 되면, 병원에 가는 것에 대해 거부할까 봐 겁이 난다는 얘기였다. 나는 이렇게 답했다.

"그런 트라우마는 더 건강해지기 위해 어쩔 수 없이 마주쳐야 하겠습니다. 예전에 어린이집에서 겪었던 종류의 트라우마와는 다르지요. 그때는 어린이집 교사들이 아이를 따뜻하게 대하지 못해서 일어난 트라우마이고, 이번에 겪을 트라우마는 건강해지기 위해서 필수적인 단계로 겪어야만 하는 것이니까요. 파랑이가 알아듣기 쉽게 잘 설명해서 설득해야 할 필요가 있겠습니다."

아이 아빠가 고개를 끄덕이며 말했다.

"어떤 것을 못 넘어가서 포기하면, 감당할 수 없을 거라는 생각이 듭니다. 저는 여기에서 왠지 파랑이 엄마의 심리가 보여요. 어릴 때 파랑이 엄마는 누군가 곁에 있어야 하는데 그러지 못했던 게 아닐까 해요."

힘들고 아프다고 주저하거나 외면하고 회피하는 것에 대해 파랑이 아빠는 아내와 연관 지어 얘기하고 있었다. 파랑이 엄마가 어릴 때, 따뜻한 보살핌을 받지 못한 것을 떠올렸다는 의미로 들렸다. 그러다 보니 든든한 지지를 받지 못해서 어려운 과정을 통과하는 것이 힘들게 되었다는 뜻도 되었다. 아이 엄마가 이어 말했다.

"나는 너무 힘들었어요. 파랑이가 어린이집을 다녔던 6개월 동안 딱 두 번 정도. 그것도 2시간 잔 게 다였어요. 매일 날을 샜어요. 힘들어도 그냥 내버려 두면 방치라고 생각해서 계속 어린이집에 다니게 한 거였어요. 어떤 날은 너무 힘들어서 혼자서 이불을 뒤집어

기저귀 작별식.

쓰고 울기도 했어요. 그때 아이 아빠는 저한테 아무런 위로를 하지도 않고 곁에 없었어요. 곁에서 토닥거려 줄 수만 있어도 괜찮았을 텐데…… 파랑이와 내가 눈에 들어오지도 않던 시기였어요. 저는 24시간 혼자서 아이를 돌봐야 했고, 너무나 지쳤어요. 아이 아빠는 그냥 놔두라고만 하고 나는 시달렸습니다. 지금 아이 아빠가 하는 말은 맞는 말이지만, 뒤치다꺼리는 전부 제 몫이에요. 저는 힘이 안 납니다. 에너지가 제로예요. 파랑이도, 아버지도…… 그냥 이제 모두 다 놔두고 쉬어야겠어요. 공장 기계가 나보다 낫겠다 싶어요. 24시간 이러니 저도 지쳤어요. 알면서도 여건이 안 따라줍니다. 남편은 죄책감이 없어요."

파랑이 엄마는 묵혀 두었던 불만을 꺼내고 있었다. 오래 두었지만, 삭아지지도 않아서 여전히 피를 흘리고 있는 시간들. 밤마다 보채고 잘 자지도 못했던 파랑이. 그 스트레스를 혼자서 고스란히 껴안아야 했었다. 게다가 지금, 현재 파랑이 엄마는 힘들고 지치고 외로웠던 지난날처럼 비슷한 느낌을 겪고 있다고 생각하고 있었다. 기저귀를 떼야 하는 파랑이도 암 투병 중인 아버지도 공감을 잘해주지 않는 남편도 죄다 에너지 제로에 동참하고 있다고 여기는 듯했다. 엄밀하게 말하면, 그렇지 않다. 파랑이는 팬티를 입기 시작하고, 이제 기저귀와 작별 인사를 해냈다. 남편도 지난날에 대해 진심 어린 사과를 하고 이제 늘 곁에 있다. 아버지의 암 투병은 어쩔 수 없이 순리대로 받아들여야 하지만, 파랑이 엄마는 혼자가 아니다. 그런데도 이렇게까지 말하는 이유는 무엇일까.

　변화는 또 다른 스트레스다. 변화가 두려워지는 이유는 가중되는 스트레스 때문이다. 사실, 스트레스는 좋은 일이나 좋지 않은 일이거나 간에 일어난다. 스트레스가 아예 없으면 사는 맛이 나지 않는다. 가슴 뛰고 설레는 일은 모두 스트레스가 어느 정도 작용하고 있다는 사실이다. 스트레스가 없는 삶은 있을 수도 없다. 살아가는 모든 일에는 스트레스가 있지만, 조절치를 넘어선 엄청난 강도일 때 문제가 된다. 그것도 조절할 수만 있다면, 다행히 넘어갈 수 있다. 조절할 수 있는 탄력성을 잃어버려 작은 스트레스에도 과민할 수밖에 없다면 스트레스로 인한 후유증이 쌓이게 된다. 누적된 스트레스는 별안간 터지게 된다. 어디로 튈지 모르게 튀어 오르는 경우 심각한 증상으로 나타나게 된다. 이제, 본격적인 변화가 시작되는 중이다. 센터에 찾아왔을 때만 해도 변화가 일어난 것이지만, 눈으로 보이는 변화는 지금부터다. 드디어 기저귀를 떼게 된 것이다!

　그러면 만세를 불러야 하지 않냐고 하지만, 꼭 그런 것만은 아니다. 일반적으로는 그렇지만, 파랑이 엄마의 마음을 들여다보면, 또 다른 상황임을 짐작할 수 있다. 누구보다도 간절하게 기저귀를 떼는 것을 원하겠지만, 한편으로는 두려움이 몰려들기 마련이다. 파랑이는 아기다. 아직 기저귀를 하고 있으니 다 자라지 않았다. 그러니 곁에서 항상 돌봐줘야 한다. 파랑이한테는 엄마가 꼭 붙어있어야 한다. 아직 아기인 파랑이를 돌보는 것이 유일하게 내가 해야 할 일이다. 그 이유로 다른 역할은 면제받을 만하다. 파랑이 기저귀를 갈아줘야 하니, 직장을 찾아다닐 수도, 혹시 아내 역할을 잘못한다고 퇴짜를 당할 수도 없다. 파랑이는 아직 어려야 하고, 아기여야 하고, 기저귀를 해야 한다. 나는 항상 파랑이 곁에서 기저귀를 채워 줘야 하기 때문이다. 그래야 내 역할을 다하게 된다.

만약 파랑이가 기저귀를 떼게 된다면? 더 이상 아기가 아니다. 어린이가 되는 것이고, 학교에 다녀야 한다. 그다음에는? 청소년이 되고 청년이 되고 어른이 된다. 나는? 내 마음속에는 아직 어린 소녀가 있다. 더 이상 자라지도 어른이 되지도 못한 외롭고 아픈 소녀가 있다. 그 소녀에게는 파랑이가 있어서 함께 견딜만했다. 힘들어도 혼자가 아니니 다행이었다. 살아갈 유일한 역할, 아무도 흉내 내지 못할 유일한 몫이 지금 사라질 위기에 처했다. 이 얼마나 큰 스트레스인가! 이 마음을 함부로 꺼낼 수도 없다. 무슨 말이냐고, 지금 기저귀를 떼는 게 얼마나 시급한 일이고 경사인 줄 몰라서 하는 말이냐고 할 게 뻔하다. 엄마가 뭐 그러냐고 엄마답게 생각해야 하지 않냐고, 지금 제정신이냐고 몰아세울 게 뻔하다. 사실, 나도 기저귀를 떼야 한다는 생각을 하고 있다. 그게 맞으니까. 기저귀를 평생 하고 살 수 없으니까. 그런데 나는 아직 준비되지 않았다. 내 안에서 울부짖고 있는 외로움을 달랠 길이 없다. 그러니 기저귀를 떼야 하기도 하지만, 솔직하게 말하자면 떼지 않아야 하기도 하다. 이 두 가

일곱 살 파랑이는 왜 기저귀를 떼지 못했을까?

지 마음이 팽팽하게 나를 잡아당기고 있다. 이런 외로움을 몰라주다니, 남편은 해도 해도 너무하다. 이렇게 나를 외롭게 내팽개치고도 죄책감이라고는 없다.

파랑이 엄마의 마음을 들여다보면, 이런 속삭임을 들을 수 있다. 물론, 이런 얘기를 꺼내면 펄쩍 뛸 것이다. 뭐라고요? 지금, 그게 내 마음이라고요? 미쳤어요, 선생님? 이럴 게 뻔하다. 나는 미치지 않았으므로 이런 얘기를 아예 꺼내지도 않았다.

파랑이 아빠가 잠시 언급한 것은 아내의 어린 시절, 보살핌을 받지 못했던 때였는데 그 외로움의 자락이 파랑이 아빠에 대한 원망으로 이어졌다. 난데없이 파랑이 아빠가 찬물을 뒤집어쓰게 된 셈이었다. 이럴 때는 할 수 없는 노릇이다. 외로움을 있는 그대로 봐주면서 토닥거려줄 수밖에 없다. 이 외로움은 불쑥불쑥 튀어나와서 상대방을 곤란하게 하지만, 그래도 이렇게 나와줄 수 있어서 다행이다. 외로움이 숨을 죽이고 있을 때도 많은데 그게 오래 가다가 터져 나오면 곤욕을 치르게 되기 마련이다. 자기도 모르게 억압되어 있다가 별안간 튀어나오는 외로움을 달래 주는 것은 더욱 힘들다. 자주 터지는 활화산보다 갑자기 폭발하는 휴화산이 더욱 위험한 이치와 같다. 나는 잠시, 가족과 함께 있어 주지 못했던 아이가 세 살쯤 되던 때를 생각해보도록 아이 아빠한테 주문했다. 그때를 생각하며 진정 어린 마음으로 용서를 청하게 했다.

기저귀 작별식

"미안해요. 미안해요. 내가 정말 잘못했어요. 용서해 주세요."

아이 아빠가 진심을 담은 표정으로 말을 하면서 아내를 안아주었다. 진심은 언제나 통하기 마련이다. '언제나'가 아니라고 할지라도 '언제나'가 맞다. 이 '언제나'는 '당장'이라는 말과 맞아떨어지지는 않는다. 진심 어린 마음이라면 그 마음만으로도 충분하기 때문이다. 상대방이 진심을 받아주지 않는다고 하더라도 하늘이 알고 땅이 알면 된다. 그게 바로 '언제나'의 법칙이다. 다만, 하늘과 땅은 아는데 사람이 모를 수는 있다. 그게 사람이니까. 모순되고 자아중심적이고 자신의 감정에만 빠져 있는 것이 사람이다. 그렇지만 사람의 마음 한가운데는 누구나 하늘의 기운과 잇닿아 있다. 언제나 진심이 통하지만, 당장 상대방한테 통하지 않더라도 상관없다. 언젠가는 '언제나'의 기운이 뻗쳐질 것이다. 당장 통할 수 있다면 그것은 행운이다. 그 엄청난 행운이 지금 파랑이 아빠한테 찾아왔다. 아이 엄마는 고개를 끄덕이며 용서해 주겠다고 했다.

"용서를 빌고, 또 해주셔서 감사합니다. 이제 파랑이 엄마는 용서했기에 과거의 사실로부터 해방이 되었습니다. 간혹 그 일을 떠올릴 수는 있겠지만, 그 생각이 나더라도 큰 물살에 흘려보내기를 바랍니다. 그렇게 해야 파랑이도 자신의 마음을 알아주지 못했던 엄마, 아빠에 대한 마음을 풀게 될 거니까요."

일곱 살 파랑이는 왜 기저귀를 떼지 못했을까?

진심 어린 마음을 보태어서 내가 말했다. 이 말을 당장 수긍하는 행운이 또 찾아왔다. 파랑이 엄마는 고개를 끄덕이면서 그렇게 하겠다고 답했다.

'마침 노래' 직전에 과제를 내주었다. 도화지가 아니라 공책에 연필로 주소를 적어오기, 하루에 한 번씩 엄마는 아빠한테, 아빠는 엄마한테 칭찬하는 글을 적어오기. 그리고 엄마, 아빠는 파랑이한테 하루에 한 번씩 칭찬해주기. 그리고 이렇게 덧붙였다.

"파랑아, 기저귀와 팬티는 다르단다. 팬티는 축축한 것을 싫어해. 응가와 쉬는 화장실에 가서 해야 해. 팬티에 묻는 것을 팬티는 싫어하니까! 팬티는 보송보송한 것을 좋아해! 알겠지? 우리 파랑이 잘할 수 있어!"

파랑이는 고개를 끄덕였다. 한 번에 잘되지는 않을 것이다. 여러 번 실수를 해보면서 조금씩 나아질 것이다. 축축한 팬티의 느낌이 썩 좋지 않을 때, 어떻게 해야 한다는 것도 깨닫게 될 것이다. 아직은 아니지만, 분명 해낼 것이다. 그런 마음으로 응원했다. 파랑이 가족을 만난 다음부터 한순간이라도 안 될 거라는 생각을 해보지 않았다. 분명, 하게 될 거라고 믿고 나갈 뿐이었다.

그렇게 회기를 마친 뒤 파랑이 아빠한테 다음과 같은 문자를 보

기저귀 작별식.

냈다.

'선생님, 오늘 수고 많으셨습니다. 사랑하는 가족을 위해서 마음을 내주고, 또 몸으로 희생하시는 모습, 정말 아름답습니다. 이런 노력이 모여서 결국 조화롭고 더욱 건강한 가정이 되리라 믿습니다. 오늘, 용기를 내어 부인께 용서의 말을 건네고 진심을 담아 마음을 전해주셔서 감사드립니다. 수고 많으셨습니다. 평강한 나날 되시길 빕니다.'

가장 가까운 가족이 따뜻한 보살핌과 사랑을 넘치도록 주는 경우가 드물다. 누구나 그것을 꿈꾸지만, 꿈은 꿈일 따름이다. 정작 필요할 때 필요한 사람이 있다는 것은 기적에 가깝다. 이 기적을 일상적으로 경험하면서 살아가는 이들은 그야말로 드물다. 대부분 원하는 사랑을 제대로 받지 못하거나 제때 받지 못해서 섭섭함이 가득 쌓이게 된다. 이미 지나간 것에 대해 원망과 분함을 갖는다는 것은 나에게도 상대한테도 득이 되지 않는다. 그렇게 부정적인 감정을 깊숙이 간직할수록 관계는 나빠지고 문제는 불거진다. 그래서 '용서'가 절실하다. 일단 상대방을 용서했다면, 뒤돌아보지 않는 것이 좋다. 그렇지만 머리로는 용서도 했고, 그 일에 대해 말하거나 생각하지 않겠다고 결정했지만, 자신도 모르게 불쑥 떠올릴 때가 있다. 또 그러지 않으면 좋겠지만, 자기도 모르게 예전의 일을 표현하게 될 수도 있다. '자기도 모르게'라는 것은 무의식의 움직임 때문이고, 무의식은 의식을 뚫고 튀어나올 수밖에 없다.

그럴 때, 상대방은 이미 사과하고 용서해 준 것이 아니었냐며, 반복되는 상황을 불만으로 대할 수도 있다. 기억해야 할 것은 진심으로 사과와 용서를 했다면, 그렇게 마음을 다한 에너지를 잠깐 끌어올 수 있다는 것이다. 다시 사과하고 용서하되, 귀찮아하거나 불만스럽게 여기지 않는 마음의 중심이 필요하다. 분명 좋아지는 과정에 함께 있는 것이고, 이런 원한과 원망이 떠오르는 횟수나 강도는 점점 줄어들고 있다고 낙천적으로 생각할 필요가 있다. 실제로도 점점 좋아지고 있으니 안심해도 좋다. 뭐, 어떤가. 수십 번, 수백 번 반복해서 용서를 청한다고 해서 체면이 깎아지는 게 아니다. 미안하다는 말을 하면, 자기도 모르는 사이에 무의식 깊은 곳에서 내공이 쌓이게 된다. 미안하다는 말을 하게 될 때 오히려 내면이 성장하고, 마음이 깊어지고, 아름다워지는 것이다. 그런 뜻을 담아서 보낸 메시지였다.

기저귀 작별식.

아홉 번째 만남

지금은 독립하는 중.

벌써 아홉 회기가 되었다. 티나 선생님과 나는 파랑이를 위한 프로그램을 기획한 대로 차근차근하게 해나가고 있지만, 회기 시작 전에 한 번 더 논의를 해왔다. 후반부로 갈수록 마음이 초조해질 수도 있겠지만, 신기하게도 그렇지 않았다. 분명 해낼 거라는 믿음은 어디에서 왔을까. 최선을 다할 뿐이지만, 만남을 이어주고 세세하게 이끌어주는 것은 내가 하는 것이 아니었다. 내담자의 말에 반응하는 모든 것, 어투나 말, 눈빛이나 손짓, 표정들은 그 순간의 나를 움직이는 나보다 더 큰 나, 그 큰 나와 이어지는 또 다른 영역에서 지켜주는 이가 한 것이다. 대개 내담자들은 예민하게 내가 하는 언어나 비언어적인 행위에 초점이 맞춰져 있다. 내가 하는 몇 마디 말이 내담자들에게 결정적인 자극이 된다. 이런 말에 이렇게 반응하고, 저런 말에는 다르게 한다는 공식이 정해져 있는 것도 아니다. 치료적인 언행과 비치료적 언행을 구분하는 것은 오로지 내담자의 판단에 있지도 않다. 어떤 내담자는 그것만은 절대 못 하겠다고, 왜 하지

지금은 독립하는 중.

도 못하는 것을 하라고 하냐고 따지기도 한다. 그럴 때, 성경의 마태복음 10장 34절의 말씀을 생각한다. "내가 세상에 화평을 주러 온 줄로 생각지 말라. 화평이 아니요 검을 주러 왔노라."

좋은 게 좋은 것이 아니다. 표면만 아무 일이 없다고 아무렇지 않은 것도 아니다. 때로는 검을 빼내어서 도려내고 잘라야만 한다. 오동나무에 대해 들은 적이 있다. 그냥 내버려 두면 오동나무는 하루에도 엄청난 크기로 자라난다고 한다. 그렇게 수십 미터로 자라난 오동나무는 목재로 쓸 수가 없다. 안이 텅텅 비어있기 때문이다. 오동나무는 조금 자라 올라오면 땅에 빠짝 붙여서 잘라줘야 한다. 오동나무 입장에서 보면, 여간 억울한 게 아니다. 기를 쓰고 자라왔는데 그냥 베어 버리다니. 이만저만한 역경이 아니다. 그것도 한 번이 아니라 적어도 다섯 번 이상은 잘라줘야 한다. 그래야 속이 꽉 차올라서 훌륭한 목재가 된다. 예수님이 화평을 주기 위해 세상에 온 것이 아니었다. 예수님은 영적 치유사였다. 그것만은 못하겠다고 화를 내는 내담자를 만나면, 옳거니 제대로 내가 하고 있는 게 맞다고 무릎을 치게 된다. 이제 두 번 다시 치료실에 오지 않겠다고 말하는 내담자를 만나기도 한다. 그럴 때, 이렇게 말한다.

"네, 그러서도 좋습니다. 하지만 이것만은 합시다! 이것만 끝내고 나서 다시 얘기를 나눠봅시다!"

'이것만은 하자'로 하는 것은 자신의 한계를 극복하기 위한 엄중

한 과제다. 혼자서는 도저히 할 수 없으니 치료사와 함께하자는 것이다. 이 엄청난 저항을 맞닥뜨렸을 때 나는 결코 도망가지 않았다. 해야 하니, 하자고 할 뿐이다. 검을 빼 들었으니 무라도 썰자는 것이다. 놀랍게도 당장 진심이 통했다. 나는 지금껏 행운을 꽤 많이 받은 사람이다. 모든 것이 백 퍼센트 성공한 것은 아니었다. 어떤 이는 회기를 몇 번 마친 뒤 더 이상 오지 않았다. 총 열두 번의 회기에서 중도 포기한 셈이었다. 환불을 해주겠다고 연락을 했지만, 아예 답을 해오지도 않았다. 그러다가 다섯 달이 지난 다음에야 연락해왔다. 다시 찾아가도 되겠냐고 했고, 그렇게 약속을 잡았다. 다시 찾아온 내담자는 처참하기 그지없었다. 자신이 할 수 없는 그 이상을 치료사가 요구하기에 포기했다고 솔직하게 고백했다. 물론, 그 정도는 나도 알고 있는 이야기였다. 하지만 양심을 걸고 다시 그때로 돌아간다고 해도 나는 똑같이 진행할 수밖에 없었다. 그러지 않으면 그냥 푸념만 들어주는 사이비 치료사가 될 것이기 때문이었다. 내담자는 그러는 차에 지인이 권유해서 정신건강의학과 병원에 가서 약을 타다 먹기 시작했다고 한다. 그러다가 차 사고를 두 번이나 내고 멀쩡한 차는 망가져서 결국 폐차하게 되었다고 한다. 다행히도 크게 다치지는 않아서 요양만 하다가 이렇게 다시 연락했다고 사정을 말했다. 그 내담자와 나머지 회기를 진행했고, 다행히 내담자는 마지막까지 성실하게 했다. 소기의 목적이 달성되었는지 점검하지는 않았다. 그분이 아직도 문제 속에 빠져서 아내를 의심하고 있는지도 중요하지 않았다. 모든 것을 60년 전에 자신을 돌보지 않았던 부모 탓을 하고 있던 그 마음을 한 번이라도 내려놓았다는 것이 중요했다. 부모를 용서하고 사랑의 마음을 전할 수 있었다는 사실만으로 충분히 의미가 있었다.

말하자면, 이런 것이다. 치료 프로그램으로 모든 마음을 성형수술 하듯 다루는 것이 아니다. 흔히 치료를 받게 되면, 마음이 평안해지고 활기차게 되고 부정이 하나도 없게 된다고 생각한다. 그야말로 착각이다. 그럴 수도 없고, 그렇게 하는 게 맞지도 않는다. 혼란스럽고 아프고 쓰라리고 힘들다. 자신의 문제를 있는 그대로 들여다봐야 하기 때문이다. 그렇게 직면하고 난 다음 더 안으로 들어가면, 놀라운 내면의 힘을 느끼게 된다. 그 힘으로 문제를 극복할 수 있게 되는 것이다. 그럴 때 검을 빼 들고 혼란스럽게 자란 곁가지들을 스스로 쳐내게 된다. 진정한 평강은 그렇게 하고 난 뒤 찾아오게 된다. 태어나서 이제껏 살아온 인생이 쭉 뻗은 고속도로가 아니듯, 굴곡지고 파도치는 삶 속에서 제대로 영글어가듯 심상 시치료도 그렇다. 희로애락을 골고루 만나고 비바람과 햇볕을 모두 다 만난 뒤 결국 우주의 에너지와 하나가 된 것을 경험한다. 보잘것없는 한 인간인 내가 아니라 무한한 에너지와 연결된 엄청난 가능성을 가진 인간으로 거듭 태어나는 것이다. 그것은 부활이나 구원의 느낌과도 통한다. 나는 다만 내가 아니다. 나는 홀로 나만도 아니다. 나와 함께하는 신이 언제나 내 안에 존재하기 때문이다.

　우리 파랑이 가족도 저항의 시기가 있었지만, 무난하게 극복해왔다. 진통은 그렇게 엄청나게 크지 않았다. 다들, 견딜만했고 또 잘 견뎌왔다. 목표를 향해 손을 잡고 잘 걸어오고 있었다.

　이번 시간에 티나 선생님은 레인 스틱을 준비했다. 길쭉한 통 안에 색색의 작은 알맹이가 있다. 들면 좌르르 쏟아지는 악기다. 통과 부딪혀서 내는 소리가 영락없이 파도치는 소리 혹은 빗소리를 연상시켰다. 티나 선생님은 파랑이한테 레인 스틱을 들어보자고 했다. 그러고는 마음껏 소리 내보자고 했다. 아래로 시원하게 분출하는 힘이 자연스럽게 연상되었다. 중력을 통해 자연스럽게 내려가는 것을 느낄 수 있는 악기였다. 티나 선생님은 배변이 원활하게 잘 이뤄질 수 있도록 자극하기 위해 여러 궁리를 해왔다. 레인 스틱이 아주 적절하다고 생각한 것은 바로 이렇게 연상되는 이미지를 갖고 오기 위해서였다. 레인 스틱이 내는 빗소리처럼, 시원스럽게 흘러내리는 물소리처럼 파랑이가 대소변을 변기에 잘할 수 있으면 좋겠다는 염원을 가지며 악기를 바라보았다. 파랑이는 재미있다는 듯이 레인 스틱을 들어 올렸다 내렸다 했다.

　티나 선생님이 준비해온 것은 레인 스틱과 어울리는 '비'였다. 하늘에서 내려오는 단비 소식처럼 파랑이의 대소변 가리기가 성공적으로 이뤄졌다는 소식이 들려오면 얼마나 좋을까. 이제, 티나 선생

지금은 독립하는 중.

님이 직접 피아노로 치는 선율을 들으며 '빗방울이 되기'를 했다. 내가 빗방울이라고 상상해서는 몸을 통해 빗방울을 표현해보는 거였다.

노래하는 빗방울, 번개와 만나는 빗방울, 춤을 추는 빗방울을 표현했다. 웅크리고 있다고 서로 손을 잡고 만나기도 하고 뛰어다니기도 했다. 종종걸음으로 걸어가기도 하고 큰 걸음으로 성큼성큼 걷기도 했다. 빙그르르 돌며 춤을 추기도 했다. 그런 다음 커다란 천 모서리를 잡고 음악 소리에 따라 파도 모양을 만들어 펄럭 펄럭이기도 했다. 파랑이는 펄럭이는 파도 아래에 들어가서 이렇게 외쳤다.

"나는 바다의 왕자 포세이돈이다!"

우리는 모두 파도가 되었다. 바다의 왕자가 된 파랑이는 근엄하게 앞으로 행진했다. 급속도로 물결치는 파도는 파랑이 왕자가 한발을 내디딜 때마다 그 앞에 복종하듯 잔잔해졌다. 그러다가 마지막에는 천을 아예 깔아놓은 채 그 위로 파랑이가 걸어 다니거나 데굴데굴 구르기도 했다. 빗방울에서 왕자가 된 파란만장한 이야기가 몸으로 표현되고 있었다.

다음으로 도화지에 팬티를 그려보자고 했다. 파랑이 엄마와 아빠가 함께 도와줘서 그림이 완성되었다. 파랑이는 팬티에 별을 세 개 그렸다. 그 아래에 'S'라는 표시까지 달았다. 오로지 파랑이의 아이디어였다.

'보송보송한 팬티가 되려면?'이라는 주제를 던졌다. 어떻게 할지 얘기해보자고 했다. 파랑이는 무엇이라고 대답해야 할지 망설였다. 응가를 어떻게 할 것인지 말하면 된다고 아빠가 힌트를 주었지만, 입을 잘 열지 않았다. 그러다가 아빠한테 다가가서 귓속말했다. 아빠가 부러 들은 대로 크게 말했다.

"응가는 변기 속으로 가게 한다고?"

우리는 모두 아주 잘했다며 박수를 보냈다. 그리고 그 말을 적어보자고 했다. 파랑이 엄마한테 파랑이가 보고 따라 적을 수 있도록 다른 종이에 글자를 쓰도록 했다. 그 글자를 보면서 파랑이는 팬티 옆에 이렇게 적었다. '약속. 응가는 변기 속으로 갑니다.'

다 쓴 다음 손가락을 걸고 그렇게 하기로 약속했다.

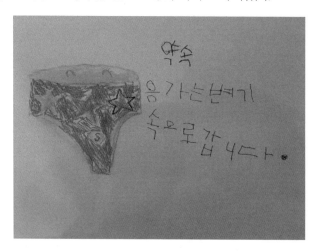

지금은 독립하는 중.

이제 파랑이는 응가나 변기나 팬티 이야기를 해도 화를 내지 않았다. 그것만으로도 기특하고, 감사했다. 부부치료를 하면서 파랑이가 팬티를 아주 잘 입고 있는데 비결이 뭔지 물어보았다. 파랑이 엄마의 답은 의외였다. 요즈음 전적으로 아이한테 신경을 쓰지 못했다고 했다. 친정아버지의 항암치료에 신경을 많이 쓰느라 아이한테 에너지가 잘 가지 않았다고 했다. 파랑이는 8월 8일부터 팬티를 입기로 했지만, 일주일이나 앞당겨서 저번 만남 때 센터를 나가자마자 스스로 팬티를 찾아서 입겠다고 했다고 한다. 그리고 줄곧 그렇게 팬티를 입었다고 했다. 드디어 올 것이 오고 말았다.

이제 곧 학교에 보내게 될 텐데 부모의 마음은 어떤지 물어보았다. 파랑이 아빠는 독립해서 자기 세계를 가져야 한다고 생각한다고 답했다. 엄마와 아빠가 마음이 열려 있어서 대화 상대가 될 수 있어야겠다고도 답했다. 이어 아이 엄마가 말했다.

"어느 시점에서는 크게 되고, 독립하겠다고 할 것 같았어요. 그러면 끊어지는 것은 아니지만 자식과의 정도 끊어주는 것이 맞겠습니다. 학교에 보내야 할 것 같은데, 제가 계속 곁에 붙어있으면서 잡다한 걱정거리가 많았습니다. 그렇지만 그건 내 몫이고, 이제는 지켜봐야 하고 놓아줘야 한다고 생각해요."

파랑이 엄마는 이제 엄마가 되려 하고 있었다. 이제껏 가냘프고 외로운 소녀의 마음이었다. 자신을 지켜줄 존재, 놀아주고 함께할 존재로서의 파랑이가 아니라 양육하고 가르칠 아들로서의 파랑이를 대하게 된 것이다. 이 과정은 큰 대가를 치르고 깨달은 것이다. 결코 쉽지 않았고, 앞으로도 해결해야 할 것이 많을 것이다. 때때로 아이와 같은 마음이 고개를 치켜들 것이다. 파랑이가 관심을 두는 모든 것에서 소외감이나 섭섭함이 들 수도 있을 것이다. 아들을 단지 아들로만 대할 수 있으려면 엄마는 어른이 되어야 한다. 아직 외롭고 고단하고 아픈 소녀는 어떻게 해야 할까? 그 소녀의 마음을 위로해줄 대상은 이미 이 세상에 없거나 투병 중이다.

그렇지만 억지를 내서 파랑이를 키워내야 하지 않겠는가. 나는 엄마이므로. 이렇게 서둘러 결론짓는 동안, 이 '억지'는 억압을 불러일으키기 마련이다. 억지들은 없어지지 않고 스며들어 숨어있을 뿐이다. 때를 노리고 있다가 이 억지들은 나도 모르는 순간 와락 일어나서 덮치기 마련이다. 이 억압들은 또 어떻게 하면 좋을까.

연이어 아이 아빠가 말했다.

"늘 믿음과 사랑이 있지만, 행동과 현실은 파랑이의 자유 의지대로 인정해야 하지 않나 하고 생각합니다. 그리고 파랑이는 훈련할 게 있어요. 엄마 없이 지내봐야만 해요. 1박 2일 정도라도."

다시 아이 엄마가 말했다.

"파랑이가 항상 저와 같이 있다 보니까 저한테 의지를 많이 합니다. 엄마 대신 놀아줄 사람이 없으니……."

이 말은 이런 말과도 같았다. 나는 놀아줄 사람이 없어요. 그동안 파랑이한테 많이 의지해왔어요. 이제, 제대로 된 변화가 필요한 시점이다. 파랑이 엄마의 마음속, 울고 있는 소녀를 달래 줄 수 있어야겠다고 생각했다. 언제가 좋을까? 더 늦기 전에 해야 할 텐데. 내가 이렇게 생각하고 있는 동안, 파랑이 아빠가 이렇게 얘기를 꺼냈다.

파랑이가 엄마한테 너무 의존하지 않도록, 독립심을 기를 수 있도록 아빠와 함께하는 시간을 가지겠다고 했다. 나는 좋은 생각이라고 동의하면서 조심스럽게 물어보았다. 아이가 자라는 것을 바라면서 커가는 것을 응원하는 것이 엄마의 마음이긴 하지만, 또 다른 한편으로는 아이가 자라나서 내 힘이 필요 없으면 허전한 마음이 들 수도 있다고 했다. 흔히 엄마에게 그럴 수도 있는 심정이라고 했다. 그러면서 이런 질문을 해보았다. 혹시 파랑이가 아직 어린아이로 머물렀으면 좋겠다는 마음이 있는 것은 아닌지 물어보았다.

미리 일반적인 엄마의 심리를 언급해서 그런지, 파랑이 엄마는 솔직하게 마음을 털어놓았다. 3~4년 전, 겨우 20개월 넘었을 당시에도 아이한테 의지하게 되더라는 고백을 했다. 아이이지만, 아이만이 아니었던 것이다. 파랑이 엄마한테는 삶의 의지가 되는 끈 같은 것이었다. 충분히 그럴 만했다. 오랫동안 자살을 꿈꾸고, 살려는 희망을 꺾인 채 살아왔던 탓이었다. 그렇게 자신을 솔직하게 돌아볼 수 있어서 다행이었다. 혹시라도 부인하거나 강하게 부정한다면, 그만큼 더 왜곡되고 아픈 것이다. 자신을 직면하는 용기를 낸 것에 대해 마음속으로 박수를 보냈다. 그렇지만 이런 말들은 솔직하게 말하자면 편하게 나오는 말이 아니다. 엄마가 엄마답지 못하고 아기한테 기대야 한다는 것이 부끄러운 일이라고 여길 수 있기 때문이었다.

아이 아빠는 이렇게 물어왔다.

"그럼, 일곱 살에는 독립을 어떤 방식으로 해야 하나요? 자신의 의지를 내어 선택할 수 있도록 하는 삶이 중요하다고 생각하는데, 맞나요?"

내가 무엇이라고 답하기도 전에 남편의 말이 끝나자마자 아이 엄마가 먼저 말하기 시작했다.

"파랑이가 자기 직전에는 자꾸 팬티에 변을 묻혀요. 그런데 밤에는 팬티에 안 쌉니다. 한번은 나 자꾸 팬티 갈아입으면 어떻게 돼? 하고 묻더군요, 그래서 배가 아플 때는 말해야 해. 팬티가 모자라서 그랬어요. 팬티를 하도 많이 빨아서 널어놓아서 마르지도 않거든요."

나는 아이 아빠가 했던 말부터 답변하기 시작했다.

"좀 전에 파랑이 아빠가 하신 말씀부터 답변해도 될까요? 자신의 의지대로 선택하는 삶이 중요하겠지만, 지금은 아직 아이여서 제대로 된 훈육이 필요한 시기이겠습니다. 그 훈육의 방식을 우리가 지금 하고 있는 중이지요. 지금, 파랑이는 기저귀로부터 독립하는 중이고, 하나하나씩 당면한 문제부터 접근하면 더 큰 독립이 이뤄질 수 있을 거예요."

이어서 엄마한테는 팬티가 젖으면 바로 갈아입히지 않고 조금 더 놓아두었다가 갈아입히면 어떻겠냐고 물었다. 그게 좋겠다고 부부는 함께 동의했다. 다시 아이 아빠가 말했다.

"선생님. 칭찬 릴레이 참 효과가 좋더군요. 파랑이랑 하고 있는데요. 제가 파랑이 눈을 마주 보면서 대화했어요. 사소한 말이라도요. 그렇게 하니까 파랑이도 아빠, 일하느라 바쁜데 나랑 놀아줘서 고마워라고 하더군요. 근데 적어오지는 못했어요. 파랑이 엄마도요. 이제 파랑이도 높임말을 조금씩 하려고 합니다. 그리고 파랑이는 수영장에 가면 저를 닮아서 운동 신경이 발달되어 있어서인지 잘 놉니다. 그러다가 물을 먹게 되면 저를 막 때려요. 자신이 실수한 것에 화가 난 것이지요. 그래서 제가 그건 잘못된 것이라고 말하면서 파랑이가 스스로 그렇게 한 거라고 해요. 최근에는 아이가 그렇게 저

일곱 살 파랑이는 왜 기저귀를 떼지 못했을까?

한테 화풀이한다는 것을 알아차리고, 그럴 때 제가 버럭 화내지 않고 그러지 말라고 감정을 섞지 않고 단호하게 하고 있습니다."

파랑이 아빠가 잘하고 있어서 기쁘다고 말해주었다. 감정을 드러내지 않고 해서는 되는 것과 안 되는 것을 구별해서 아이한테 말하는 것이 얼마나 어려운지도 알고 있다고 했다. 그렇지만 그렇게 감정과 분리해서 훈육하다 보면, 얻는 게 많을 것이고 부모의 역할도 성숙해져 갈 거라고도 했다. 우리는 이제 '독립'과 '훈육'에 대해 이야기를 나눌 만큼 성장해온 것이다.

다음 주까지 함께할 수 있는 과제를 제시했다. 저번 회기처럼 서로가 서로에게 칭찬하기를 하루에 한 번씩 하고 글로 적어오라고 했다. 파랑이한테는 하루에 두 번 정도는 팬티를 안 갈아입힌다고 말하고 변기에 봐야 한다는 말을 해주자고 했다. 적어도 8월 22일 전까지는 아이와 아빠만 있고, 엄마는 혼자 여행을 2박 3일 정도 할 수 있는 시간을 주자고도 했다. 엄마는 자신이 하고 싶은 일, 행복해질 수 있도록 자신만의 삶을 가꿀 수 있는 열 가지 구체적인 방법을 써오자고 했다. '8월 22일'이라는 날짜는 파랑이 엄마가 직접 정한 날이었고, 파랑이 아빠도 이에 동의했다.

파랑이 아빠는 어려움을 극복하면 우리 파랑이가 앞으로 더욱 크고 멋진 파랑이로 성장할 거라고 믿는다고 말했다. 파랑이 엄마는 말동무가 없어 외롭게 지냈는데 여기 이렇게 와서 프로그램하면서 말을 하는 것만으로도 치유가 된다고 했다. 파랑이 엄마는 그동안 파랑이가 일주일에 두서너 번씩 만나는 사촌 형 말고는 어울리는 친구도 없었다고 털어놓았다. 어린이집이나 유치원에 보내지 않았으니 그럴 수도 있다고 말했다. 이제야 털어놓는 아이 엄마의 말은 "아무 문제 없어요. 기저귀를 하는 것 외에 우리 아이는 모든 게 정상이에요!"라고 했던 처음의 말과 달랐다. 아이는 하루의 대부분을 엄마하고만 지내고 있었다.

"기저귀를 떼고 나면 대인관계가 풍성해질 겁니다. 친구들이 많이 생길 거예요. 염려 마세요."
이렇게 말하자 부모는 고개를 끄덕였다.
파랑이가 공책에 주소를 적어오도록 과제를 내주었다. 외우고 쓰지 않고 보고 써오기만 해도 된다고 했다. 파랑이가 손을 힘차게 흔들며 계단을 내려갔다.

열 번째 만남

그래도 한 거예요!

여는 노래를 끝내자마자 파랑이 아빠가 말했다.

"어제 파랑이가 변기에서 응가를 했어요!"
파랑이 엄마가 머쓱한 웃음을 지으며 말했다.

"뭘요. 그건 한 것도 아닌데……."
아이 아빠는 다시 힘주어 말했다.

"그래도 한 거예요. 했어요."
나는 어떤 상황인지 자세히 말해달라고 했다. 옷에 응가를 조금
했는데 화장실에 가자고 하니 가겠다고 했다는 거였다. 파랑이가 변
기에 앉아 보겠다고 해서 앉혔더니 변기에서 변을 봤다고 했다. 나
는 활짝 웃으며 박수를 보냈다. 변기에서 변을 본 것은 처음이었다.
파랑이 엄마는 아직 완벽하게 한 것이 아니라고 했지만, 축하할만한

그래도 한 거예요!

일이었다.

"아주 잘했어요! 칭찬합니다!!!"

그건 해낸 것이 맞다. 적극적인 부모의 관심과 노력으로 일어난 멋진 시작이었다. 작은 변화에도 칭찬하다 보면, 큰 변화가 일어나기 쉽다. 칭찬은 햇빛이다. 볕을 충분히 쬐지 않고 자라면 제대로 자라나지도 못하고 시들해질 수밖에 없다. 칭찬도 사실 습관에 속한다. 칭찬을 잘하지 않고 침묵으로 지켜보는 습관이 있다면 적극적으로 수정해야 한다.

그렇다고 내가 칭찬을 많이 받고 자라온 것은 아니다. 그 반대다. 칭찬을 제대로 받아본 기억이 없다. 그래서 누군가 칭찬을 하면 꼭 가짜로 나를 달래는 것처럼 들리기도 한다. 혹은 내 기분이 좋아, 라고 그냥 하는 소리처럼 들린다. 또 때로는 그 소리가 낯간지러워서 차라리 안 듣는 것이 낫다고 생각하기도 한다. 그렇지만 은근히 어깨가 펴지기도 하는 것도 사실이다. 칭찬보다는 그냥 환하게 웃는 것으로 넘어갔던 내 부모님들을 기억한다. 그것도 다섯 손가락을 꼽을 정도다. 그렇게 기억력이 좋지 않아서 그런지 모르겠지만, 아무튼 그렇다. 내 어머니는 아예 칭찬과 거리가 멀었다. 욕과 막말과 화와 짜증을 퍼붓기만 했다. 그랬던 내가 내 아이한테도 그럴 수밖에 없었으리라. 나는 온전히 기쁨에 겨워 아이를 칭찬하지 못했다. 왜 이렇게 하지 못 했냐고 닦달하고, 이렇게 하라고 으름

장을 놓았을 게 뻔했다. 외롭고 슬프고 우울함에 젖어 있었다. 정신을 차리고 나서 보니, 아이는 어느덧 청소년이 되어있었다. 그때 가서야 칭찬을 하기 시작했지만, 이미 늦고 말았다. 아이는 지금 아이를 낳은 어른이 되어있지만, 아직도 자신의 내면에는 제대로 칭찬과 사랑을 받지 못했던 아이가 울고 있다. 그것을 생각하면 너무나 가슴이 아프다. 내가 칭찬과 따뜻한 말을 할라치면, 딸은 내가 필요할 때는 안 해주고 이제야 이런다고 되는 줄 알아? 라고 한다. 그 말에 아무런 답변도 하지 못한다. 나는 한순간에 죄인이 되고 만다. 그렇게 주눅이 들면서 다시 마음이 아프다. 그렇더라도 적어도 나는 아이한테 학대한 적이 없었다. 몇 번쯤 매를 든 적은 있었겠지만, 적어도 내 어머니처럼 욕설과 막말을 하지 않았다. 그렇지만 아이는 그 정도로는 안 되고, 항상 따뜻하게 보살펴줬어야 했는데 그러지 않았다고 잊을 만하면, 또 말한다. 나는 가계를 책임져야 했고, 먹고살기 바빴다. 그래서 아이를 돌볼 시간이 거의 없었다. 이건 딸아이한테 변명밖에 되지 않는 말이다. 어쨌든 나는 딸아이가 자랄 때 제대로 칭찬하지 못했고 이것은 딸한테 치명적인 상처가 되고 말았다. 그러니 나는 실패한 엄마다. 그렇지만 실패를 거울삼아 말할 수는 있지 않은가. 나처럼 실패하지 말고 성공하라고. 실패했기에 성공의 방법을 잘 알고 있다고. 그러니 실패한 엄마가 탁월한 치료사가 되지 말라는 법은 없다.

그래도 한 거예요!

깨닫고 나서 칭찬을 많이 하는 버릇을 가지게 되었다. 자신감이 없고 자존감이 낮은 모습으로 오래도록 살아왔다. 아마도 어리고 젊은 날 대부분을 그렇게 해왔다. 결혼도 두 번이나 실패했고, 연애도 형편없었다. 딸아이를 비롯한 어느 누가 나를 업신여긴다 해도 할 말이 없다. 그렇다. 나는 엉망진창인 삶을 살았다. 그렇지만 그 경험이 나를 성장하게 했다. 나는 시궁창에 처박혔던 경험을 살려서 꽃을 피워냈다. 크고 아름다운 꽃으로 향기를 내고 있다. 예전의 내가 아니다. 그러니, 칭찬을 자주, 많이 하는 습관은 그저 어느 날 갑자기 이상하게 자리 잡은 것이 아니다. 아주 비싸고 귀한, 내 삶을 주고 산 것이다. 누군가는 내가 칭찬하는 것을 보고 원래 칭찬이 후하니, 믿을만하지 못하다고 한다. 입에 발린 칭찬이라고도 한다. 그 말을 나한테 직접 하면서 쑥스러움을 드러내기도 한다. 그런데 나는 정말이지 칭찬이 햇볕이라고 여기고 있다. 내가 칭찬의 말을 했다면, 그 사람에게 햇볕을 쬐게 해주고 싶었을 뿐이다. 예전의 나처럼 시들시들하고 우울하고 힘들어 보였기 때문이다. 혹은 칭찬을 할 수밖에 없을 정도로 놀라운 감탄이 나도 모르게 터져 나왔기 때문이다. 그런데 사람들은 내 말을 잘 믿는 것 같지 않다. 그렇지만 나는 이미 습관이 되어 버렸기 때문에 칭찬하고야 만다.

특히 칭찬이 필요할 때가 있다. 아이들은 칭찬이 밥처럼 필요하다. 그것도 외모가 아니라 내면과 언행에 대한 칭찬이 필요하다. 잘 생겼구나. 이쁘구나, 이런 칭찬이 아니라 바른 생각을 했구나. 훌륭해! 잘했어! 굉장하구나! 이런 칭찬들 말이다. 마음이 고달프고 아프거나 우울하다면, 입 밖으로 이 말들이 나오지 않는다. 마음마저 없는 것은 아닌데 그저 꿀꺽 삼키기만 한다. 그러니 아이들은 칭찬을 잘 받지 못하고 자라게 되고 그래서 내 딸과 같은 말을 하는 것이다. 파랑이 엄마가 겪었던 우울 못지않게, 오히려 더 심각하게 오랫동안 우울을 겪었던 게 바로 나였다. 숱하게 자살을 생각하고 시도하기도 했었다. 암울만 득시글거린 채로 어떻게 포근한 마음으로 칭찬의 말을 해줄 수 있었겠는가. 나는 따뜻한 엄마가 되지 못했고 아무리 애써도 그렇다. 이미 오래전부터 칭찬을 듣지 못했던 내 딸, 중학생 때부터 해오는 칭찬은 아예 증발해 버리고 말았다. 그러니 칭찬을 아끼지 말자.

그런데 이제는 어른이 된 딸한테 이렇게 말할 참이다. 그래도 말이야. 지금이라도 이렇게 따뜻하게 말할 수 있어서 다행이잖아. 평생 못하고 죽어버리기 전에 말이다. 그러니, 딸아. 용서를 해주면 좋겠구나. 내가 아니라 네 마음이 편해지도록.

우와! 너무 멋져요! 훌륭합니다! 최고예요! 너무나 잘하셨어요!
이런 말들을 쏟아내는 것이 내 특기가 되고 말았다. 이 말을 들은 이들의 반응은 제각각 다르지만, 기분 나빠하는 이를 단 한 명도 보지 못했다. 어색해하며 웃기는 해도 화를 내지는 않는다. 오죽하

그래도 한 거예요!

면, 고래도 춤추게 하겠는가. 칭찬에는 사랑의 에너지가 들어있다. 거짓 칭찬인지 진짜 칭찬인지도 사실, 드러나기 마련이다. 거짓된 말일 때는 칭찬하면서 환한 웃음이 웃어지지 않는다. '환한 웃음'에 대한 정의를 뒤센이라는 학자가 잘 나타낸 바가 있다. 사람은 미소를 지을 때 광대뼈와 입술 가장자리를 연결하는 협골근, 입술 가장자리의 구륜근을 주로 사용한다. 진짜 미소일 경우에는 이들 근육과 함께 눈 가장자리 근육인 안륜근을 사용한다. 가짜 미소일 경우에는 안륜근이 움직이지 않는다. 심리학자 폴 에크먼은 이 사실을 처음 밝혀낸 19세기 신경심리학자 기욤 뒤센의 이름을 따 진짜 미소를 '뒤센 미소'라고 했다. 그러니 칭찬하는 이의 따스한 눈길 혹은 환한 뒤센 미소가 진정한 칭찬이라는 것을 증명해주고 있다.

정신을 차리기 시작한 것은 삼십 대 중반부터다. 그 나이에 모든 정신이 온전해진 것도 아니다. 에너지가 바뀌기 시작한 것은 사십 대에 들어서면서부터다. 나이가 더해가는 것이 기쁜 이유는 마음이 느긋해지기 때문이다. 기쁘거나 슬프거나 안타깝거나 화가 나거나 하는 모든 감정의 흐름들이 구름 같기만 하다. 그 구름들은 때때로 귀여운 토끼나 양 떼나 사슴이 되기도 하지만, 때로는 호랑이나 사자와 표범이나 재규어가 되어 나를 잡아먹을 듯이 노려보기도 한다. 또 때로는 소담스럽게 피어오르는 뭉게구름이기도 하지만, 어떨 때는 먹구름이 되어 하늘을 뒤덮어 버리기도 한다. 하늘이 애당

초 없다고 착각할 만큼 시커멓게 덮어버리는 구름의 행각이 얄밉기 그지없기도 하다. 그렇지만 구름은 역시 구름이다. 형체도 일정하지 않고 버티는 것도 뚜렷하지 않다. 있는가 하면 없고, 없다가도 있다. 바람이 불면 그저 흘러갈 뿐이다. 구름이 가고 난 뒤에는 맑은 하늘이 모습을 드러낸다. 감정은 그렇게 구름처럼 왔다가 흘러가 버린다. 그 어떤 감정도 그렇다. 본래의 본 모습으로 늘 그렇게 존재하는 것은 감정이나 생각이 아니다. 그 차원을 한 꺼풀 벗겨내면 진짜 내가 있다. 하늘과 통하는 참다운 나가 나를 바라보며 빙그레 웃고 있다.

칭찬을 하다 보면, 세상이 따뜻해 보인다. 그 논리를 설명하자면, 이렇다. 햇볕이 마음속에 비추고 있으니 세상을 보는 시각이 따뜻할 수밖에 없는 것이다. 실상 세상은 아프고 어지럽고 모순과 혼돈 속에 빠져 있다. 앞으로의 세상은 더욱 그러할 것이다. 강력범죄가 더 늘어나고 파렴치한 인간들이 더 많이 생겨나고 범죄 연령은 더 내려갈 것이다. 마약과 알코올 중독자가 놀랍도록 늘어나고 정신분석학자 라캉이 말한 대로 인간은 누구나 병리적인 특성을 가지고 있기에 정상과 거리가 먼 사람들이 세상에 가득 들어차게 될 것이다. 그렇지만 세상을 따뜻한 눈으로 보게 되면, 해야 할 일이 떠오른다. 저주나 원한이나 원망이 아니라 헤쳐 나갈 방법을 생각하게 된다.

그러니, 칭찬은 타인을 위한 것이 아니라 자신을 위한 것이다. 칭

그래도 한 거예요!

찬으로 인해 마음은 부드러워지고 말랑말랑해지게 된다. 그렇게 되면 마음은 촉촉해지고 감성과 감수성이 풍성하게 되어 감동과 감격이 일상화된다. 작은 것에도 감사하게 되고, 소소한 것에도 행복을 느끼게 된다. 행복, 감사, 아름다움에 대한 감수성이 성장하게 된다. 그렇게 되면, 살맛이 난다. 늙어도 늙는 것이 아니다. 마음은 더욱 젊어지고 어려져서 아이와 같은 순수성이 되살아난다.

심상 시치료는 사실, 이런 마음을 지향하고 있다. 그런 마음은 영혼을 성장하게 하고 삶을 아름답게 한다. 삶의 향기가 곳곳에 스며들어 나와 타인과 세상에 퍼지게 된다. 파랑이 가족들한테 '칭찬하기' 과제를 낸 것은 바로 이러한 이유 때문이다. 내면에 어둠이 가득할수록 칭찬이 잘 나오지도 스며들지도 않는다. 그럴수록 더 많이 듣고 직접 해봐야 한다. 그대로 내버려 두면, 마음에도 엔트로피 작용이 일어나기 때문이다. 엔트로피 법칙은 모든 물질과 에너지는 오직 한 방향으로만 바뀌며, 질서화한 것에서 무질서화한 것으로 변화한다는 열역학 제이 법칙을 말한다. 인간의 마음도 에너지이기 때문에 엔트로피 법칙을 피할 수 없다. 휩쓸리는 감정대로 내버려 두면, 그 마음은 더 단단하게 불어나기 마련이다. 어찌지 못할 지경에 이르면 마음은 여기저기 터져버려 수습이 안 될 정도가 되어 버리고 만다. 질서를 잡는 것은 긍정으로 가기 위한 적극적인 노력과 의지, 실천이 뒤따라야 한다. 그 결정적인 단서가 바로 칭찬의 에너지다. 태양에너지를 제대로 받아서 간직하고 있다면, 어둠 속에서도 발전기가 돌아간다. 스스로 할 수 있다는 용기도 불러일으킬 수 있다. 반엔트로피가 적용되기 시작하고, 부정이 긍정으로 역전하게 된다.

정신의학자 데이비드 호킨스의 이론에 의하면, 의식척도는 두 가지 영역으로 나뉘어 맴돌게 된다. 가장 영혼을 갉아먹는 의식이 '수치심'이다. 그 위가 죄책감, 무감정, 슬픔, 두려움, 욕망, 분노이다. 기껏해야 자부심 정도에서 다시 맴돌게 된다. 그 부류에서 올라갔다 내려갔다가 일어날 뿐, 그다음으로 넘어갈 수가 없다. 다른 영역은 용기부터 시작한다. 중립성, 자발성, 수용, 이성, 사랑, 기쁨, 평화 그리고 최고의 단계가 깨달음이다. 이 영역도 맴돌기를 하지만, 점점 위의 수준에 이르게 되면 그 수준에 머물러있을 때가 많다. 제대로 이 영역 안으로 들어왔다면, 아래쪽으로 내려가는 의식이 되더라도 이내 회복하게 된다. 회복 탄력성이 발달 되어있기 때문이다. 이 의식의 끝개 에너지장의 특징을 호킨스는 이렇게 설명하고 있다. 자부심을 비롯한 그 이하의 수준에서는 행복의 근원이나 문제의 원인이 바깥에 존재한다고 믿는다. 이 에너지 수준에서는 삶에 휘둘린 채 무력하게 살아갈 뿐이다. '용기' 이상의 수준에 이르면 밖이 아니라 자기 안에서 행복을 창조하게 된다는 사실을 알아차리게 된다. 대개 인간은 아래 영역에서 맴돌기를 멈추지 않는다. 생애 통틀어 의식이 진화된다고 해도 기껏해야 거기에서 거기다. '용기' 이상으로 치고 올라가는 이는 극소수다. 호킨스는 진정한 치유는 사랑의 에너지장에서 일어날 수 있다고 했다. 이 말은 분석심리학자 융의 말과도 상통한다. 융은 정신 심리치료의 목적이 자기 안으로 들어가는 내향성의 구축에 있다고 했다. 놀랍게도 현대인들의 대부분은 '외향성'이 좋은 성격이라고 알고 있다. 융이 했던 논리를 정반대로 해석한 채 맞다고 떠들어대는 이들이 많다.

'칭찬'은 용기를 불러일으킨다. 칭찬하는 마음은 격려와 위로, 응원이 담겨 있기 때문이다. 파랑이 가족들이 서로서로 칭찬을 하며 햇볕을 만나게 하는 것이 필요하다고 생각했다. 더군다나 파랑이한테 칭찬은 절대적으로 필요하다. 무수히 많은 실수 속에서도 우뚝 일어설 힘은 칭찬 속에 있기 때문이다. 이렇게 과제로만 제시했을 때만 하는 것이 아니라 습관처럼 칭찬을 하게 되면 얼마나 좋을까.

다음으로 함께 '병원 놀이' 노래를 불렀다. 티나 선생님이 치는 피아노 반주에 맞춰서 흥겹게 노래했다. 그 노래를 '배가 아프면 화장실 가요!'라는 가사로 바꿔서 불렀다. 그리고 준비해둔 흰 가운과 청진기를 걸치고 각자 순서대로 돌아가면서 의사가 되었다가 환자가 되었다가 했다. 파랑이가 의사가 될 차례였다. 한 명씩 환자가 되어 파랑이 앞에 가서 앉았다. 우리는 모두 응가를 잘하려면 어떻게 해야 하는지 파랑이 의사한테 물어보았다. 파랑이는 "화장실에 가서 변기에 앉아!"라고 했다. 파랑이는 의젓하게 의사 역할을 하며 웃었다.

병원 놀이가 끝나고 함께 모여 앉았다. 별이 배 안에 들어와 배가 살살 아프게 된다고 이야기할 거라고 알렸다. 도화지에 동그란 변기 모양을 그리고 그 안쪽을 반쯤 오려 놓아서 아래로 쏙 빠지게 미리 만들어 놓은 것이 있었다. 변기에 앉으면 별이 파랑이의 배 밖으로 나오게 되고, 물을 내리면 아래로 들어가도록 했다. 별이 파랑이 배 안에서 이리저리 돌아다니다가 변기로 가서 떨어졌다. 변기 옆에 있는 버튼을 누르면 안으로 쏙 들어가서 사라졌다. 파랑이는 재미있게 집중해서 놀았다. 별다른 거부 반응도 없었다. 다만, 특이하게도 파랑이 눈이 지나치게 옆으로 돌아가는 틱 증상이 불거진 점이 눈에 띄었다. 그동안 한 번씩 틱이 나타나긴 했지만, 심할 정도는 아니었다. 지금은 유난히 틱 증상이 드러나 보여서 염려되었다.

부부치료 시간에 파랑이의 틱 증상에 대해 먼저 물어보았다. 아이의 눈이 유난히 심하게 옆으로 돌아간 것이 얼마나 되었는지 물어보았다. 한 이 주일 전부터 그렇게 자주 하더라고 했다. 아이가 눈치를 많이 보는 것 같다고도 했다. 팬티가 젖어도 이내 갈아입히지 않은 다음부터 더욱 그렇게 하는 것 같다는 의견도 있었다. 파랑이 엄마의 말로는 정오부터 오후 6시까지나 어떨 때는 오후 3시부터 밤 9시까지 아예 갈아입히지 않을 때도 있었다고 했다. 갈아입혀 달라는 표현도 하지 않더라고 했다. 팬티가 엄청 지저분한데도 아무런 말도 하지 않고 있더라고 했다. 하루 평균 4번 정도 갈아입히곤 했는데, 밖에 나갈 때는 꼭 갈아입혔다고 했다.

"얘기를 왜 안 해? 묻었다고 해야지 그러면, 팬티에 묻혔다고 뭐라고 할까 봐 안 했다고 해요. 뭐라고 하지 않을 테니 팬티에 묻으면 말해라고 했는데 그래도 안 했어요."

파랑이로서는 감당하기 힘든 정도의 스트레스를 받고 있는 중이었다. 그것이 고스란히 틱 증상으로 나타나는 거였다. 조금 더 추이를 지켜보자고 했다. 호흡 조절이 절실한 시기였다. 팬티에 변을 보면서 갈아입혀 주는 것을 당연하게 여기는 것도 문제지만, 갈아입히지 않은 채로 스트레스를 주게 되는 것도 문제였다. 벌을 주듯이 너무 장시간 변을 묻힌 팬티를 내버려 두지 않도록 하자고 했다. 갈아입힐 때도 기분 나쁜 감정을 섞지 말고 차분하게 화장실에 가야 한다는 말을 반복해서 해주자고 했다. 파랑이 엄마는 알겠다며, 융통성 있게 하겠다고 했다.

'서로 칭찬하기' 과제를 해왔냐는 질문에 파랑이 엄마가 먼저 쓴 글을 내밀었다.

9일:

아빠한테) 전기 일을 말끔하게 잘 처리해줘서 칭찬합니다.

파랑이한테) 어린이 도서관에서 책도 잘 보고 조용히 있어서 칭찬합니다.

10일:

아빠한테) 아버지와 오빠네랑 식사도 같이 잘하고 차도 하자고 챙겨줘서 칭찬합니다.

파랑이한테) 어른들만 모여있어서 심심하게 따분했을 텐데 짜증 부리지 않고 잘 있고, 엄마가 할아버지를 생각하는 마음을 파랑이가 알아줘서 늘 고맙고 칭찬합니다.

11일:

아빠한테) 부지런하게 직장 일을 하는 모습, 우리 가족을 위한 것이라 여깁니다. 수고 많았어요. 칭찬합니다.

파랑이한테) 아빠 쉬는 날, 파랑이가 아빠와 잘 노는 모습 칭찬합니다.

12일:

아빠한테) 오랜만에 파랑이와 같이 카페에 가서 차도 마시며 힐링하는 시간을 갖게 해줘서 감사해요. 잘 챙겨주신 것을 칭찬합니다.

파랑이한테) 안 먹던 옥수수도 먹어보려고 애쓰고, 하루

그래도 한 거예요!

에 한두 번은 스스로 변기에 가서 앉아서 연습해 보겠다고 해줘서 고맙고, 칭찬합니다.

13일:

아빠한테) 바쁜 와중에도 시간을 내어 바닷가에 데리고 가줘서 고맙고, 파랑이와 신나게 놀아줘서 칭찬합니다.

파랑이한테) 물놀이도 신나게 하고, 거대한 모래성에서 재밌게 잘 놀아줘서 고맙고 오고가는 시간이 길었는데도 불평 없이 잘 다녀와 줘서 칭찬합니다.

14일:

아빠한테) 우리 아버지 드시라고 건강식품을 챙겨와서 드려서 정말 고맙고, 칭찬합니다.

파랑이한테) 변기에 앉는 것을 시도해본다고 노력해준 것 정말 기특하고, 칭찬합니다.

과제를 성실하게 하면서 긍정으로 남편과 아들을 바라본 것을 칭찬하면서 함께 큰 박수를 보냈다. 다음은 파랑이 아빠 차례인데, 해오지 않았다고 고백했다. 지금, 직접 파랑이 엄마의 얼굴을 보면서 칭찬을 해보자고 했다.

"날씨도 덥고 파랑이 때문에 신경이 예민할 텐데도 밥을 잘 챙겨줘서 고맙습니다. 파랑이 기저귀에 대해 스트레스를 받다가 이제는 팬티를 빠느라고 고생해서 칭찬합니다. 아버지 신경을 쓰면서 생각도 많이 하고 마음 써줘서 칭찬합니다. 보자, 몇 개 했지?"

같이 폭소를 터뜨렸다. 몇 개 한지는 중요한 게 아니라고 하니, 파랑이 엄마가 말했다.

"이런 기회가 별로 없었거든요. 서로 마주하면서 말할 기회가요……"

나는 옆 눈으로 보지 말고, 서로를 향해 바라보라고 했다. 1분 정도 그렇게 바라보고 느낌을 말해보자고 했다. 1분이 지난 뒤 파랑이 엄마가 먼저 말했다.

"못생겨 가지고는! 머리도 많이 빠지고! 예전, 7, 8년 전에는 더 좋았던 것 같은데…… 우리도 나이를 먹어가는구나!"

파랑이 아빠가 이어서 말했다.

"날 많이 닮았구나! 하는 느낌이 들어요. 나하고 내면이 닮은 사람이구나. 갈수록 많이 느낍니다. 눈을 바라보니까 제 모습이 보입니다."

파랑이 엄마가 답하듯이 말했다.

"저도 그런 것 같아요."

그래도 한 거예요!

파랑이 아빠가 다시 말했다.

"저를 한 번 더 들여다보게 됩니다. 주위 사람들도 우리가 거울 같다고 말해요. 서로 화를 잘 안 내요."

파랑이 엄마는 남편에게서 살짝 시선을 피하면서 말했다.

"저는 상황에 따라 그렇게 하는 것이 아니에요. 예를 들면, 뭘 안 치웠다고 그렇게 하는 게 아니라, 그동안 여러 일이 있는데 참았다가 그게 갑자기 튀어나오는 거예요."

나는 '상황에 맞게' 즉석에서 말을 하고 모아두지 않는 것이 건강에 더 좋다고 말해주었다. 습관처럼 되어서 잘되지 않겠지만, 연습할 필요가 있다고도 했다. 특히 언행에 대해 시정해 주기를 요청할 때, 어떤 상황이 일어난 바로 그때 말을 하는 것이 효과적이라고 했다. 모아두었다가 갑자기 화를 내면 걷잡을 수 없이 폭발적으로 반응하게 되기 때문이다. 게다가 상대방은 평소에 별말이 없다가 갑자기 무슨 이유로 화를 내는지 이해할 수 없게 된다. 자신이 했던 언행이 어떤 것이었는지 잊어버리게 되고, 그렇게 소통이 안 되면 갈등이 커지게 된다고 말했다. 다만, 바로 이야기를 할 때 화가 난다면, 잠깐 화를 내렸다가 이야기를 해야 한다고도 알려주었다. 화를 조절하는 방법은 전에 파랑이하고 배웠던 대로 세 번을 세어보고, 복식호흡도 열 번 정도 해보면 좋겠다고 했다.

일곱 살 파랑이는 왜 기저귀를 떼지 못했을까?

파랑이 엄마는 평소에 하고 싶은 말을 해보겠다며 고개를 끄덕였다. 이번에는 파랑이 엄마한테만 특별히 내준 과제를 살펴볼 차례였다. '하고 싶은 일, 행복해질 수 있도록 자신만의 삶을 가꿀 수 있는 열 가지'를 적어온 글을 직접 읽게 했다.

1. 봉사 활동하기. 환경이나 이웃 등등
2. 머슬마니아 대회 출전하기
3. 문화예술 활동하기(사진, 공예, 목공, 전통악기 등등)
4. 원하는 일에 관한 공부를 하기
5. 전국 각지에 캠핑 여행하기
6. 좋은 친구와 스승님을 만나기
7. 새로운 일에 도전하기
8. 가정을 잘 꾸리기: 파랑이와 남편을 잘 돌보기
9. 나만의 책을 만들기
10. 내 마음을 잘 들여다보며 빛나게 살기

"그런데 어쩌죠? 사실, 아무것도 안 해도 좋아요. 사지육신 멀쩡하게 이렇게 살아있는 것만으로도 좋아요. 언제든 마음먹으면 다 할 수 있잖아요."

"사실, 마음먹는다고 다 할 수 있는 것도 아닐 수도 있지요. 실천

그래도 한 거예요!

으로 옮기면서 하나씩 얻어가는 깨달음이 중요할 것 같아요. 이 글을 썼을 때 느낌이 어떠셨나요?"

나는 파랑이 엄마한테 이렇게 물어보았다.

"처음 네댓 가지 쓸 때는 간절한 것이어서 잘 적었어요. 나머지도 그다지 힘들지는 않았지만, 적어야 하니 적었어요. 이런 것을 하면 행복해지는 건 맞는데 사지육신 멀쩡한 것으로도 나는 행복하다고 생각하면 즐거운 거 아니겠어요? 다 적고 나서 내가 간절히 원하는 게 맞나? 이런 의문이 들었어요."

나는 이 말을 들은 파랑이 아빠의 생각을 물어보았다.

"뚜렷하게 않고 애매한 상황인 것 같아요. 진짜 지금 원하는 것을 쓰면서 행복하면 좋을 텐데요. 표현하는 마음이 90퍼센트 정도는 되어야 그렇게 한 게 될 것 같은데 마음을 20퍼센트 정도밖에 안 낸 것 같아요. 선생님이 써보라고 하니까 그냥 쓴 느낌입니다."

파랑이 아빠의 말이 끝나자마자 파랑이 엄마가 말했다.

"저는 많이 힘들어요. 지쳐요. 이 말이 그냥 자꾸만 나와요."

파랑이 엄마가 부정적이기보다 긍정적인 마음으로 자신을 챙기면서 하고 싶은 일을 할 수 있으면 좋겠다고 했다. 순간, 파랑이 엄마의 표정이 눈에 띄게 굳어지고 시선을 피했다. 왜 그런 것일까? 분명, 어떤 자극이 일어난 것 같았다. 나는 바로 어떤 마음인지 물어보았다.

"저는요. '부정적'이라는 말에 아주 민감해져요. 항상 힘들 때마다 힘든 것이 내 몫이라고 여깁니다. 지금까지 매일 일이 생기고 예전에 아이가 밤새 울고…… 그것 때문에 불면증이 생겨서 아직도 시달리고 있어요."

파랑이 엄마는 다시 예전에 아이가 울던 그 고통스럽던 순간으로 들어가 버렸다. 수년 전의 일을 마치 최근에 일어난 것처럼 들먹이기 시작했다. 나는 곧바로 미안하다고 사과했다.

파랑이 엄마가 행복해야 아이도 행복할 수 있다는 점을 강조하기 위해 한 말이라고 했다. 어떻게 하면 파랑이 엄마가 행복해질 수 있을까? 그것에 대해 함께 관심을 가져보자고 했다. 불쾌한 표정을 거두며 파랑이 엄마가 알겠다고 말했다.

다시 과제를 제시했다. 칭찬 릴레이를 하되, 이제는 공책에 적지 말고 직접 말로 해오라고 했다. 하루에 한가지씩! 그리고 8월 22일, 다음 주까지 엄마 혼자 지낼 수 있는 시간을 가지도록 의논한 사실을 다시 한번 더 말해주었다.

그리고 파랑이의 공책에 '잘할 수 있어요!'라는 글자를 알려줘서 적게 하고 어느 정도 적을지는 엄마가 알려주도록 했다. 파랑이가 그 분량까지 다 채워서 글자를 적으면 별 다섯 개를 그려주고 칭찬을 해주기로 했다.

파랑이는 오늘 했던 변기 놀이가 재밌었다고 했다. 파랑이 아빠는 조금 더 힘을 내야겠다고 소감을 밝혔고, 파랑이 엄마는 오늘 뭔가 잘하지 못했다는 느낌이 든다고 했다. 나는 파랑이 엄마를 가만히 안아드렸다.

회기를 끝낸 다음, 파랑이 엄마한테 연락했다. 다음 만남 전에 파랑이 엄마만 따로 프로그램을 진행할 수 있는 시간을 마련할 테니 올 수 있겠는지 제의했다. 파랑이 엄마는 신경 써줘서 고맙다며, 흔쾌히 오겠다고 했다. 파랑이 엄마의 오랜 우울을 한 번만으로 해결할 수는 없더라도 긍정적인 시도를 할 수는 있을 것이다. '마음의 빚'을 알아차릴 수 있는 멋진 기회가 될 수 있다면, 얼마나 좋을까. 다만 내 마음이 이끄는 대로 할 뿐, 그 외는 내가 관여할 몫이 아니었다.

열한 번째 만남

왕 놀이, 정말 재밌었어요.

티나 선생님은 '여는 노래'를 함께 부르고 나서 특별히 준비한 것을 펼쳐 놓았다. 배경음악으로 잔잔한 음률이 스피커를 통해 흘러나오게 했다. 그러는 동안 파랑이한테 엄마와 아빠를 위한 연주를 하도록 부탁했다. 엄마와 아빠는 편안한 자세로 누워있게 했다. 파랑이는 오션 드럼이나 마라카스, 레인스틱, 윈드차임 악기를 연주했다. 은은한 음률에 맞춰 절묘한 화음이 일어나고 있었다. 모든 연주를 마치고 나서 누운 채로 파랑이 엄마가 웃으며 말했다.

"스르르 잠이 들 것 같았어요. 바닷가에서 대자로 누워있는데 파도 소리가 찰랑찰랑 나고, 별빛이 쏟아지는 것 같고 잘 자라고 파도 소리가 밀려와서 미소를 머금으며 잤어요."

파랑이는 "제가 연주했어요!"라고 웃으면서 말하며 엄마를 꼭 껴안았다.

왕 놀이, 정말 재밌었어요.

"봄날, 벚꽃이 만발했어요. 꽃잎이 하늘에서 하르르하르르 떨어지는 날에 걸어가는 느낌이었어요. 갑자기 별빛 소리가 나면서 연분홍 꽃비가 내렸어요!"

파랑이 아빠가 말했다. 내년 봄, 벚꽃이 내리는 밤에 이렇게 느낀 대로 걸어보겠다고 했다. 가족 모두 손가락을 걸고 약속했다. 엄마, 아빠, 파랑이는 벚꽃처럼 환하게 웃었다.

다음으로 동적인 활동으로 이어갔다. 패들 드럼으로 풍선을 치는 놀이였다. 파랑이 가족 세 명이 서로 풍선을 바닥에 떨어뜨리지 않고 오래 이어가면서 치도록 했다. 33번이나 풍선을 이어갔다. 모두 환호를 지르며 축하했다.

다음 순서로 질문 노래를 불렀다. '학교에 가면, 화장실에 가면, 수영장에 가면, 목욕탕에 가면'이라는 음에 가사를 만들어 붙였다. 각자 원하는 악기를 먼저 선택해서 들었다. 엄마는 마라카스, 아빠는 북, 파랑이는 레인스틱을 들며 노래했다.

'학교에 가면 친구랑 놀아요. 화장실에 가면 변기에 응가를 해요. 수영장에 가면 물놀이를 해요. 목욕탕에 가면 때를 밀어요.' 이렇게 한 구절씩 돌아가면서 맡아서 즉흥적으로 노래를 지어 불렀다. 악기를 흔들거나 치면서 신나게 노래를 불렀다. 파랑이가 재밌다며 실컷 웃었다. 다행히 눈을 옆으로 돌리는 틱은 현저하게 줄어들었다.

다음으로 왕 놀이를 하자고 했다. 치료실 중앙에 의자 하나만 놓아두고 저 자리에 앉으면 왕이 된다고 했다. 황금 망토를 어깨에 두르고 깃털을 가진 채 왕의 자리에 앉으면 왕이 되는 것이다. 왕은 신하들한테 원하는 것을 한 가지씩 명령할 수 있다고 했다. 가위바위보를 해서 먼저 이긴 파랑이 아빠가 왕이 되었다. 아빠는 모두 동물로 변하도록 명령했다. 파랑이 엄마는 고양이, 파랑이는 코브라, 치료사(시아)는 강아지, 티나 선생님은 사자가 되라고 했다. 우리는 명령대로 동물로 변해서 동물답게 행동했다. 나는 컹컹 짖으며 돌아다녔다. 파랑이 코브라는 손을 배배 꼬며 뛰어다녔다.

파랑이 엄마가 이제 왕이 되었다. 파랑이 엄마 왕은 아빠한테는 반짝거리는 별이 되어서 파랑이를 안고 배를 만져주라고 했다. 치료사한테는 편안하게 앉아서 지켜보라고 했고, 티나 선생님께는 반짝반짝 작은 별을 연주하라고 했다. 파랑이한테는 별한테 뽀뽀하라고 했다. 우리는 파랑이 엄마가 시키는 대로 했다.

다음에는 파랑이 차례였다. 파랑이 왕은 우리 모두를 네발로 기어가는 말이 되도록 했다. 다섯 바퀴를 빙빙 돌아보라고도 했다. 우리는 모두 시키는 대로 했다.

다음으로 티나 선생님이 왕이 되었다. 모두 파랑이를 번쩍 들어서 안아 행진하도록 했다. 우리는 모두 시키는 대로 했다.

이제 시아가 왕이 되었다. 모두 반듯하게 누워서 소망을 말하게

왕 놀이, 정말 재밌었어요.

했다. 아빠는 가족들 모두 행복하게 사는 것이라고 했고, 엄마는 파랑이가 변기에서 응가를 하는 것이라고 했다. 티나 선생님도 파랑이 엄마와 같은 말을 했다. 파랑이는 키득거리며 말하지 않아서 왕이 근엄하게 호통을 치고는 다시 말하도록 했다. 파랑이는 학교 가는 것이라고 했다.

파랑이의 소망을 이루기 위해서라면 변기에 앉아서 응가를 해야 한다는 것을 한 번 더 일러주었다. 그게 가족들 모두 행복하게 사는 것이라고도 했다. 모두 다 함께 응원의 박수를 보내면서 왕 놀이를 끝냈다.

이제 부부치료를 할 시간이었다. 그렇게 하는 동안 파랑이는 티나 선생님과 자유 시간을 가질 것이다. 티나 선생님은 파랑이한테 피아노 건반을 치는 법을 가르쳐주기로 했다. 파랑이가 악기를 연주하는 것에 관심을 보여서였다.

열한 번째 회기 전에 파랑이 엄마만 진행하는 회기를 하겠다고 약속을 했는데 이뤄지지 못했다. 센터에 오기로 했던 날 아침에 친정집에 급히 갈 일이 있어서 지키지 못하겠다는 전화를 해 온 것이다. 그렇게 전화가 오고 난 뒤, 다른 날짜를 잡을 수가 없었다. 그래서 나는 재차 전화를 했다. 다음 회기 때, 그동안 해왔던 부부치료의 분위기와 다르게 파랑이 엄마를 위한 심층적인 접근을 하겠다고 했다. 그렇게 미리 동의를 받아 놓았다. 먼저 그동안 어떻게 지냈는지 물어보았다. 파랑이 아빠가 이렇게 말했다.

"가족들한테 신경을 많이 못 썼던 한주였어요. 같이 있을 시간을 못 내었습니다. 그리고 순간적으로 화가 올라온 날도 있었어요. 그렇게 화를 내고는 스스로 돌아보는 시간을 가졌습니다. 그러니까 내가 왜 그토록 예민하게 반응했는지, 스스로한테 화가 나더군요. 화를 밖으로 내놓고는 그 화를 잡아보았습니다. 파랑이 엄마가 많이 힘들어하는데 거기에 대놓고 제가 뭐라고 할 수는 없겠더라고요. 다들 어렵고 민감한 시기인데, 어떻게 하든 버텨야 하는데도 그냥 제가 표출해버리고 말았어요. 제가 기운이 원체 강하다 보니까 평소에는 화를 안 내다가 한번 내면 좀 셉니다. 그런 뒤에 바로 파랑이 엄마한테 전화했습니다. 파랑이 엄마가 볼 때, 제가 가깝고 해서 기대는 것은 알겠지만, 너무 지나치다는 생각에 화를 낸 것 같아요."
파랑이 엄마가 말을 이어갔다.

"남편이 화낼만했어요. 제가 짜증 날 수 있는 소리를 했거든요. 자꾸 같은 말을 하니까 남편이 화를 낸 것 같습니다. 아이가 배가 아프다고 하고, 그래서 밤샘을 하고……."
나는 아이가 배가 아프고 밤샘을 한 것이 최근의 일이냐고 물어보았다.

왕 놀이, 정말 재밌었어요.

"아뇨. 석 달 동안 한 번씩 있는 일이에요. 그 문제가 심각합니다. 최근은 아니지만요. 저는 잘해야 하고, 주변에서도 저보고 잘 해라고 하고. 그렇게 신경을 써야 하니까요. 주위에서는 저보고 돈을 벌어오라고 하는데…… 예전에도 그것 때문에 어린이집에 아이를 맡겼지만요."

아마도 짐작하건대, 파랑이 아빠의 소득이 시원하지 않으니, 시댁에서는 파랑이 엄마도 직장을 다녀서 돈을 벌어오라는 눈치를 주는 것 같았다. 예전에도 그랬던 것이라면 분명 지금도 그럴 것이라고 예상되는 이야기였다. 그것이 파랑이 엄마의 신경을 예민하게 했을 것이다. 그러다가 자신도 모르게 남편한테 화풀이했을 수도 있다. 그렇지만, 어두운 얘기만 나오면 늘 그렇듯이 파랑이가 복통을 호소하며 잠을 설친 날로 들어가려고 했다. 실제로는 프로그램을 진행하고 나서 단 한 번도 파랑이가 복통을 호소한 적은 없었는데도 그랬다. 나는 최근에 보이는 파랑이의 변화에 관해 물어보았다. 파랑이 엄마가 답했다.

"눈을 깜박거리는 것은 확실히 좋아졌어요. 이제 말하면 팬티를 갈아입혀 주겠다고 하고, 갈아입힐 때 나무라지 않고 차분하게 변기에 앉아야 한다고 해서 그런지 좋아지더군요. 이제는 팬티에 묻으면 묻었다고 얘기를 합니다."

다행한 일이었다. 잘하고 있다며 그대로 하면 된다고 부드럽게

일곱 살 파랑이는 왜 기저귀를 떼지 못했을까?

격려해주었다.

다음으로 심상 시치료의 '나만의 새' 기법을 행했다. 3회기 때 했던 새 이름을 기억하는지 물어보았다. 파랑이 엄마는 은하수 새, 아빠는 봉황새라고 바로 답했다. 새의 모습을 물어보았다. 파랑이 엄마의 은하새는 몸통이 하얗고 초록빛 날개를 가진 참새처럼 작은 새라고 했다. 파랑이 아빠의 봉황새는 용의 머리를 한 꼬리가 긴 새인데 하늘을 다 덮을 정도로 날개가 크다고 했다.

눈을 감고 복식호흡을 열 번 정도 하게 했다. 나만의 새가 과거의 어느 한순간으로 날아갈 거라고 했다. 특히 위로와 격려가 필요한 때로 날아갈 거라고 했다. 과거의 나한테 나만의 새가 다가가서 따뜻한 위로와 포옹을 해주게 될 거라고 했다. 그렇게 눈을 감은 채 심상 시치료를 진행했다. 과거의 나를 만나서 충분히 위로와 격려를 해준 나만의 새는 다시 현재로 돌아오게 했다. 그렇게 한 다음 눈을 뜨고는 겪었던 체험을 나눠보자고 했다. 파랑이 아빠가 먼저 말을 했다.

"여섯 살 때로 갔어요. 동네 작은 집 앞, 굴뚝이 있는 언덕에서 친구가 처음으로 자전거를 타고 있었어요. 친구 할아버지가 사주신 두발자전거였지요. 저도 얻어 탔는데 굉장히 재미있었어요. 봉황새가 찾아와서 제 별에 관해 얘기했어요. 원래 살던 빛나는 별이 있

왕 놀이, 정말 재밌었어요.

는데 그 별에서 지금 여기에 무슨 일을 하려고 잠깐 온 거라고 했어요. 그 일을 다 하게 되면 돌아갈 거라고 했어요. 그리고 마음 안에 해야 할 일을 심어줄 거라고 했어요. 맞는 말입니다. 저도 그걸 알아요. 여덟 살쯤 되었을 때부터요. 그 봉황새가 바로 나이기도 해요. 그 새가 나입니다. 제가 타인처럼 느껴지기도 했어요. 지나온 나는 없어지고, 지금의 내가 새롭게 나로 되는 것 같아요."

이번에는 파랑이 엄마가 천천히 말을 이어갔다.

"저는 아홉 살 때로 갔어요. 마을 사람들이 많이 모여있었어요. 귓속말을 주고받기도 하고 웅성웅성하며 모여있는데 저한테는 아무도 설명해주는 사람이 없었어요. 세 살 어린 동생이 있는데 엄마가 모두 나가 놀라고 했어요. 그런데 딱히 갈 데가 없어서 집 주위에서 서성거리고 있었거든요. 얼마 지나지 않아서 사람들이 몰려왔어요. 아빠는 건넛방에 있었고, 엄마는 안방에 있었는데 농약을 마셨던 거예요. 얼핏 들리는 얘기가 그랬어요. 그다음 구급차가 와서 엄마를 싣고 갔어요. 친척들과 다들 같은 방에 모여있었어요. 고모가 전화를 받더니 죽었대! 그랬어요. 나는 너무 무서워서 오돌오돌 떨고 있었어요. 그 집에서 아이 아빠와 결혼하기 직전까지 살았어요. 여전히 안방에는 잘 들어가지도 못했어요. 내 방에서만 머물면서 라디오만 계속 듣고 살았어요. 은하새가 아홉 살의 나한테 다가가서 이렇게 말했어요. '내가 항상 옆에 있어 줄게. 무서워하지 마.' 그때,

일곱 살 파랑이는 왜 기저귀를 떼지 못했을까?

아무도 위로해주지 않았어요. 이십 대 후반에 남편을 만날 때까지요. 무섭고 두렵고 엄마가 미웠어요. 이제 아이 아빠를 만나서 아이를 낳고 나니 그런 마음이 없어지고 받아들여져요. 나는 잘 모르지만, 엄마가 얼마나 힘들면 그런 선택을 했을까 싶어요. 지금은 보고 싶고, 사랑하고, 늘 그리운 존재로만 남아있어요. 엄마는 어깨까지 내려오는 긴 파마머리를 하고 통통하면서 검정 옷을 즐겨 입으셨어요. 사진으로만 그 모습이 남아있어요."

파랑이 엄마는 삶에서 가장 큰 트라우마, 지울 수 없는 그 기억을 꺼내고 있었다. 두고두고 자신을 괴롭혀왔던 두려움의 근원지를 드러내었다. 아무도 달래거나 위로해주지 않았던 아홉 살 아이. 놀라고 두렵고 혼란스럽고 아팠을 것이다. 그 어떤 말을 해도 위로가 되지 않았겠지만, 아이는 마음을 추스를 기회를 갖지도 못했다. 아픔을 마음 깊은 곳에 꾹꾹 누른 채 살아왔던 것이다. 엄마가 사라진 날들 동안 겪었던 마음들을 어떻게 다 설명할 수 있을까. 얼마나 숱한 원망과 고통이 뒤따라왔을까. 이 마음을 풀어내지 못하면, 온전한 치유의 길로 접어들 수 없을 것이다. 엄마를 만나야 했다. 만나서 속 시원히 얘기를 들어야 했다.

고인 감정이 많은 이와 얽힌 이야기를 풀어나가는 것에는 '빈 의자' 기법이 탁월하다. '빈 의자' 기법은 비어있는 의자에 떠올린 사람이 앉아있다고 상상하게 하고, 그 사람에게 하고 싶은 말을 털어놓는 방식으로 진행하는 심리치료다. 사이코드라마나 게슈탈트 치료

왕 놀이, 정말 재밌었어요.

에서 흔히 사용하는 방식이다. 이 기법을 심상 시치료로 활용할 때는 조금 더 색다르게 접근한다. 내담자 혼자서 하는 모노드라마처럼 하는 것이 아니라 치료사와 역할 바꾸기를 하면서 진행한다. 혹은 떠올린 대상과 내담자가 앉은 자리를 객관적으로 바라보게 하면서 두 사람의 마음에 대해 치료사와 중간지점에서 얘기를 나누기도 한다. 이런 성찰과 통찰이 동시에 이뤄지면서 내담자는 떠올린 대상한테 하고 싶은 얘기를 하기도 하고, 감정을 표출하기도 한다. 또 때로는 에너지를 얻게 되고 용서를 청하기도 한다. 사이코드라마에서 거의 단골로 진행하는 바타카(종이뭉치로 만든 방망이)로 내려치는 행동을 심상 시치료에서는 꼭 해야 할 때를 제외하고는 거의 하지 않는 특징이 있다.

대개 빈 의자에 불러내는 대상은 트라우마와 관련된 사람이 많다. 게다가 이미 돌아가신 분들도 자주 호출된다. 그렇게 설정이 되면 빈 의자는 빈 의자가 아니다. 그 대상이 실체로 보일 수 있도록 치료사는 연극 감독 역할을 하게 된다. 파랑이 엄마가 이제 돌아가신 어머니를 만날 때가 되었다. 파랑이 아빠는 자리에서 일어나서 한쪽 벽에 서서 바라보게 했다. 파랑이 엄마에게는 눈을 감고 복식 호흡을 열 번 정도 하자고 했다. 그렇게 눈을 감고 있다가 세 번을 세면 눈을 뜨고 맞은 편에 앉은 어머니를 바라보면 된다고 했다.

"하나, 둘, 셋. 자, 눈을 뜨고 어머니를 바라보세요."

일곱 살 파랑이는 왜 기저귀를 떼지 못했을까?

내 말에 파랑이 엄마가 말했다.

"어머니가 계십니다. 웃고 있어요. 저를 보면서요. 위, 아래 다 검정 옷을 입고 파마머리를 하고 계십니다."

나는 잠시 파랑이 엄마보고 눈을 다시 감고는 아홉 살 때의 나, 사건이 일어난 직후로 돌아가자고 했다. 농약을 마시고 갓 죽음에 이른 엄마와 아홉 살인 나라고 얘기했다. 다시 눈을 뜨고 하고 싶은 말을 해보자고 했다. 아홉 살인 파랑이 엄마는 울상이 된 채 울먹거리기만 했다. 한참을 그렇게 울다가 겨우 입을 열었다.

"왜? 왜 그랬어? 그렇게 가면…… 어떡해? 동생이랑 나랑 이렇게 남겨놓고 가면……."

아홉 살인 파랑이 엄마는 오열하고 있었다. 더 이상 말을 이어갈 수가 없었다. 몇 분간 그대로 머물러서 기다렸다. 어느 정도 울음이 잦아들 때 파랑이 엄마를 잠시 일어나게 했다. 맞은편 의자에 앉으면 엄마가 된다고 알리고 나서 엄마의 자리에 앉도록 했다. 아홉 살 딸의 말에 답해 보시라고 했다.

"미안해. 미안하다. 내가 사는 게 아무 의미가 없어서 그랬다."

파랑이 엄마의 입을 빌려서 과거의 엄마가 용서를 빌고 있었다. 더 이상 아무 말도 하지 않았다. 그저 입술을 잘근잘근 깨물 뿐, 엄

왕 놀이, 정말 재밌었어요.

마는 고개를 숙인 채 아무 말도 하지 못하고 있었다. 파랑이 엄마더러 일어나서 다시 아홉 살 아이의 자리로 가도록 했다. 이번에는 내가 엄마 자리로 가서 앉았다. 앉는 순간, 어둡고 음산한 느낌이 순간 내 온몸을 감쌌다. 저항할 수도 없는 암흑의 기운이 온몸으로 스며들어왔다. 나는 아무 말도 할 수 없었다. 뭔가 말을 해야 하지만 입이 떨어지지 않았다. 당혹스러웠다.

오래전, 나는 파랑이 엄마의 엄마처럼 자살을 시도한 적이 있었다. 농약을 사러 가게에 들어갔다. 텃밭에 뿌릴 제초제가 필요하다고 했다. 무표정하게 말했지만, 눈치 빠른 이는 알아챘으리라. 가게 주인은 아무것도 묻지 않고 제초제를 건네주었다. 맨정신으로는 도저히 그걸 마실 용기가 없었다. 그 옆 슈퍼에서 소주를 한 병 샀다. 그렇게 제초제와 소주를 나란히 한 봉지 안에 담아서 집으로 들어왔다. 언제나 그렇듯 술에 취해 퍼질러 누워있는 아이 아빠와 아무것도 모르고 자고 있는 이제 막 칠 개월이 지난 아기를 뒤로하고 방문을 닫았다. 먼저 병뚜껑을 돌려 소주를 깠다. 그대로 벌컥벌컥 마셨다. 그냥 뱉어내고 싶은 맛이었지만, 억지로 마셔댔다. 목구멍을 타고 내려가는 족족 뜨거워졌다. 급기야 뱃속이 홧홧 달아올랐다. 한 병을 다 마시고 바로 제초제를 마시면 게임은 끝난다. 속으로 몇 번을 되뇌면서 그렇게 소주부터 마셔댔다. 갑자기 방바닥이 옆으로 우뚝 솟아오르더니 바닥이 일직선으로 세워졌다. 술에 약한 내가 바닥에 엎어졌던 것이었지만, 내 눈에는 그렇게만 보였다. 게다가 앞이 잘 보이지 않아서 제초제가 어디 있는지도 잘 모를 지경이었다. 손을 더듬거렸지만, 제초제가 잡히지 않았다. 죽어야지, 죽어야 해! 어서 죽자! 이렇게 외치면서 제초제를 찾을 때였다. 갑자기 내 눈앞에 십자가가 나타났다. 금빛 찬란한 십자가가 내 앞에 놓여있었다. 십자가는 하나가 아니었다. 수십, 수백 개 되는 십자가들이 나를 에워싸고 있었다. 크고 작은 십자가들이었다. 제각각 빛나는 십자가에 나는 포위되어 있었다. 나는 혼자였지만, 혼자가 아니었다. 그 아름다운 광채를 잊을 수 없다. 갑자기 노랫소리가 들려왔다.

갈릴리 마을 그 숲속에서 주님 그 열한 제자
다시 만나시사 마지막 그들에게 말씀하시기를
너희들은 가라 저세상으로 … 세상 모든 영혼이
네게 달렸나니 가서 제자 삼으라 나의 길을
가르치라 내가 너희와 항상 함께하리라

나는 결국 그 제초제를 마실 수 없었다. 십자가와 노래가 나를 가만두지 않았기 때문이었다. 그날, 내가 봤던 것을 무엇이라고 설명할 수 있을까. 내 삶에서 내가 경험했던 기적 중에서 단연코 최고의 기적의 순간이었다. 나는 눈을 감고 귓가에 울려 퍼지는 노랫소리를 들으며 잠을 잤다. 자고 일어나서 싱크대에 제초제를 버렸다.

그날, 십자가와 노랫소리가 들리지 않았다면 나는 더 이상 이 세

왕 놀이, 정말 재밌었어요.

상에 없을 것이다. 당시 한 살이 된 내 딸은 파랑이 엄마처럼 자라 났을 것이다. 파랑이 엄마의 엄마 자리에 앉은 나는 그대로 파랑이 엄마의 엄마였고, 제초제를 샀던 과거의 나이기도 했다. 나는 아무 말도 할 수 없었다. 뭐라고 말을 꺼내야 할지 머리가 하얗게 빈 것 같았다. 가슴은 답답하고 막막하기만 했다. 그러다가 간신히 입술 을 달싹거리며 말했다.

"미안해. 미안하다. 내가 사는 게 아무 의미가 없어서 그랬다."
이제는 폭포수 같은 눈물이 쏟아졌다. 가슴 깊은 곳에서 울음이 솟구쳐 올라와서 아무 말도 할 수가 없었다. 조금 전에 파랑이 엄마 가 울던 그 눈물보다 더 큰 울음이 온몸으로 쏟아졌다. 주체할 수 없을 정도였다. 그저 속수무책으로 울 수밖에 없었다. 얼마나 울었 을까. 어깨를 들썩거리고 온몸을 떨며 울고만 있었다. 그러면서 미 안하다고만 계속 말을 이어갔다. 미안해. 딸아, 정말 미안하다. 미안 해. 잘못했다. 내가 그러는 게 아니었어. 미안해.

나는 나도 모르는 끌림대로 딸한테 다가갔다. 그리고 딸을 부둥 켜안았다. 우리는 같이 울음을 터뜨렸다. 한동안 그렇게 안은 채 울 고만 있었다. 흐름대로 내 몸을 맡기고 나서, 잠시 뒤 나는 다시 나 로 돌아왔다. 포옹을 풀고, 중간지대에 와서 섰다. 아직 맞은편에는 엄마가 있다고 말했다. 이제 아홉 살이 아니라 지금 현재의 나이인

나로 돌아오도록 했다. 이제 조금 뒤에는 어머니를 하늘나라로 보내드릴 텐데, 하고 싶은 말을 마저 해보자고 했다. 파랑이 엄마는 눈물을 닦고 나서 차분한 음성으로 말했다.

"엄마, 이제 좋은 곳에서 편안하게 지내시면 좋겠어요. 나도 파랑이와 남편과 행복하게 살게요. 많이 웃고 즐겁게 지내는 모습 지켜봐 주세요. 엄마, 사랑해요."

파랑이 엄마가 한결 밝아진 모습으로 말했다. 이제 어머니를 보내드려도 된다고도 했다. 곧이어 세 번을 세면, 어머니가 하늘나라에 가실 거라고 했다. 하나, 둘, 셋. 치료실 문을 열었다가 닫았다. 어머니가 나가신 것이다. 그렇게 함께 어머니를 보내드렸다. 파랑이 아빠는 이 모든 과정을 전부 보고 있었다. 파랑이 엄마한테 어떤 느낌이 들었는지 물어보았다.

"결혼 전에는 한 번도 꿈에서 엄마를 만나지도 않았어요. 저는 산소에 가지도 장사지낸 것도 보지 못했어요. 친척 집에 맡겨져 있었거든요. 엄마를 잘 보내드린 기억이 없어요. 결혼하고 처음으로 남편과 같이 엄마 산소에 찾아갔어요. 이제는 생각날 때마다 몇 번, 산소를 찾아가곤 합니다. 그러다가 3년 전쯤에 엄마가 꿈속에서 나타나셨는데 산소 비석에서 엄마의 영혼이 빛으로 머물러있더군요. 그런데 오늘, 이제는 하늘나라에서 편안히 계시겠다는 생각이 들어

237

왕 놀이, 정말 재밌었어요.

서 안심이 됩니다. 이제는 저만의 길을 혼자 가더라도 엄마가 먼 곳에서 제가 잘되기를 바라고 있다는 마음도 들어요. 엄마를 원망하기도 했는데, 이제 용서했습니다."

파랑이 아빠가 곁에서 아내의 손을 잡아주며 말했다.

"아내가 겪었던 일이 정말, 아무도 모를 만큼 심각하게 아팠구나 하는 것을 다시 느꼈습니다. 너무나 힘들었을 거라고 여겨집니다."

나는 파랑이 아빠한테 위로해주고 싶은 만큼 안아주시라고 했다. 남편은 아내를 한동안 껴안아 주었다. 너무 많이 울어서 눈이 붓는 느낌이 들었지만, 내 마음이 개운해져 왔다. 특별한 체험이었고, 못 잊을 경험이었다.

이제 다음 회기가 마지막 회기이고, 작별을 준비해야 한다는 사실을 알려주었다. 팬티에 변을 묻히지 않도록 집중하는 한주가 되도록 하자고 했다. 매일 문자로 파랑이의 진행 상황을 살펴보면서 서로 연락하자고도 했다. 그리고 파랑이 엄마한테 알렉산더 로이드와 벤 존슨이 쓴 《힐링 코드》라는 책을 선물했다. 파랑이 엄마한테 도움이 되면 좋겠다는 생각 때문이었다.

《힐링 코드》의 저자인 알렉산더 로이드 박사는 목사이자 심리학자다. 십여 년간 우울증을 앓으며 아이 앞에서 자살 시도까지 벌였던 아내를 치유하고자 했지만, 소용이 없었다. 어느 날, 비행기 안에서 들려오는 하나님의 음성대로 기록하기 시작한다. 기적의 치유법 《힐링 코드》였다. 그대로 실행하자 그의 아내는 얼마 지나지 않아 극심한 우울증에서 깨끗이 벗어나게 되었다. 2011년, 이 책이 국내에 출간되었을 당시 우연히 도서관에서 책을 펼쳐 들게 되었다. 치료사로서 또 다른 측면에서 고민을 하고 있던 차였다. 인간은 물질인 인체와 비물질인 마음으로 이뤄져 있다. 이 둘은 긴밀하게 서로 작용을 하고 있다. 몸이 아프면 마음이 아프기도 하고, 마음이 건강하면 몸의 회복도 빠를 수 있다. 나는 마음을 치료하는 일을 하지만, 몸은 어떻게 해야 좋을 것인지 의문이 생겼다. 심신의학 공부라도 해야 하는지 심각하게 고민했다. 그럴 때 놀랍게도 도서관을 찾아갔던 내게 이 책이 손에 잡혔다. 당장 대출해서 읽기 시작했다. 큰 감동과 놀라움이 몰려왔다. 이 방법이면, 의문이 해결되는 셈이었다. 책에 나와 있는 대로 따라 해보기는 했지만, 계속해서 하지는 못했다. 그러다가 또 다른 기적을 만나게 되었다.

이사를 하고 무리가 되었는지 왼쪽 사타구니께에 물집이 잡혔다. 쓰라려서 걸음을 걷기 불편할 정도였다. 급기야 그 물집은 하루가 다르게 커져서 아예 걸을 수도 없을 만한 부피가 되어버렸다. 병원에 가면 바로 수술을 하고 거즈를 대어주겠지만, 노출하고 싶지 않은 부위여서 가지 않았다. 그렇다고 이대로 내버려 둘 수도 없었다. 그런 상황에 처하자 떠오른 것이 바로 《힐링 코드》였다. 그래서 날마다 힐링 코드를 하기 시작했다. 다급한 마음에 하루에 5번에서 7번까지 했다. 이상하게도 힐링 코드를 하면서 마음이 편안해졌다. 조급한 마음도 사라졌다. 놀라운 것은 그 거대한 물집들이 서서히 줄어들기 시작했다는 것이다. 일주일 만에 물집이 사라지고 말았다. 이 체험을 하고 나서 나는 힐링 코드를 일상화하게 되었다. 하루에 두 번, 아침과 저녁에 꼭 하게 되었다. 그렇게 한 것이 10년이 다 되어 간다.

이 귀한 책을 필요한 이들한테 소개하거나 선물하곤 했다. 그렇게 알게 된 이들이 힐링 코드를 제대로 하고 있는지, 아닌지는 모른다. 아마도 거의 대부분은 하지 않을 것 같다. 만약 하는 이들이 있다면 마음이 한결 부드러워지고 아름다워졌으리라. 나는 힐링 코드의 치유성을 믿고 있다. 파랑이 엄마가 책을 좋아한다니, 바로 읽고 힐링 코드를 하면 좋겠다고 생각했던 것이다.

이제 다시 집단 치료실에 가서 다시 파랑이와 함께했다. 파랑이 아빠는 파랑이가 '잘했어!' 스티커를 30개 모으면 롤러스케이트를 사주고 롤러스케이트장에 데리고 가서 고수가 되도록 이끌어주겠다고 약속했다. 미소를 머금으면서 파랑이 엄마가 말했다.

"저는 이제 혼자가 아닙니다. 엄마가 저를 지켜주고 계세요. 이제는 정말 칭찬하기를 잘할 수 있을 것 같아요. 지금까지는 칭찬하기를 잘하고 싶은데도 마음이 잘 움직이지 않았거든요."

파랑이 엄마의 진술한 말이 이해가 되었다. 그랬을 것이다. 마음
에 해가 떠올랐지만, 그게 셀로판지로 된 가짜 해라는 느낌이 드는
셈이었다. 이제 진짜 햇살을 만났으니 혼자가 아니지 않은가!

부모에 대한 원망과 원한은 자신의 정체성의 뿌리를 흔들게 한
다. 학대를 가했던 파렴치한 부모라고 해도 마찬가지다. 그 부모한테
서 태어났으니 부모를 저주하는 것은 곧 나를 저주하는 것이다. 절
대 용서하지 못하는 부모라고 낙인을 찍는 것은 곧 나한테 가하는
형벌이다. 나한테 사랑을 주지 않고 치명적인 학대를 했다면? 몹쓸
짓을 하고 감정의 쓰레기통으로 여겼다면? 그런데도 용서는 여전히
유효하다. 악한 마음을 가질수록 나는 사랑과 거리가 멀어진다. 부
모를 미워할 수밖에 없고, 용서는 절대로 못 하지만, 나는 나를 사
랑해요. 이렇게 말하는 것은 모순이다. 그것은 '사랑'이 무엇인지 모
를 때 하는 말이다. 사랑은 감정이 아니라 선택이다. 사랑은 일시적
으로 우연히 오는 것이 아니라 인간의 숙명이다. 인간은 사랑하기
위해서 태어났다. 사랑을 얼마나 했느냐가 관건이다.

친부에게 성폭행을 당한 여자의 수기를 읽은 적이 있다. 저질 그
자체인 친부에 대한 원망으로 일찌감치 얼룩진 여자의 기록은 온통
경악과 눈물로 써진 것이었다. 마지막 장에 그녀는 조심스럽게 '용서'

왕 놀이, 정말 재밌었어요.

를 떠올렸다. 엄청난 고통을 준 친부를 용서해야 한다는 것을 이해하게 된 것이다. 그게 가슴으로 내려오려면 얼마나 많은 시간이 필요할지 알 수 없다. 그렇지만 그녀는 해낼 것이다. 자신을 조롱하고 창을 찌르고 침을 뱉는 자들한테 저들이 저들이 하는 짓을 모르니 용서해달라고 기도하는 예수님처럼.

어떻게 신과 비교할 수 있는지 반문할 수도 있겠지만, 우리는 그럴 수 있다. 얼마든지 악해질 수도 있지만, 선해질 수도 있다. 악함의 끝과 선함의 끝이 없다. 늘 상황과 기회는 주어진다. 이 땅에서 미처 하지 못한 용서와 사랑은 언제 할 수 있을까? 이 땅을 떠나면 비로소 할 수 있을까? 놀라운 사실은 이 땅에서 풀면 하늘에서도 풀린다는 사실이다. 우리는 한이 맺히려고 태어난 것이 아니다. 우리도 모르게 맺혔던 매듭을 풀려고 태어났다.

극단적인 선택을 한 어머니를 원망하면서 보낸 파랑이 엄마. 어릴 때는 무작정 그 마음이 다였다면, 자라서는 여러 감정이 들었을 것이다. 이제는 그만 원망을 멈추고 싶은데 뜻대로 되지 못했을 것이다. 엄마가 그리운 만큼 분노하고, 분노한 만큼 무기력해졌을 것이다. 자신을 공격하는 것만큼 힘든 것이 없다. 엄마를 부정할수록 자신에게 창을 찔러대는 격이었다. 충분히 지지해주고 보듬어주는 이가 없다는 것은 에너지를 잃게 만든다. 이미 돌아가셨으니 용서를 주고받을 기회조차 사라진 것일까? 그렇지 않다. 마음은 시공간에

일곱 살 파랑이는 왜 기저귀를 떼지 못했을까?

얽매이지 않는다. 삼차원의 한계가 여실한 인체와 다르게 사차원 이상의 존재인 마음을 활용하면 된다. 인공적인 최첨단 기술로 돌아가신 이를 복원해서 만나는 것이 아니다. 가상공간에서 메타버스로 만나는 것도 아니다. 그런 방법으로는 의존의 위험과 일시적이라는 한계가 있어서 곤란하다. 한창 게임을 하다가 끄면 허무한 것처럼, 그런 식으로는 공허해지기 마련이다.

마음을 합치면 그 대상이 될 수 있다. 그 대상의 마음이 되어 말할 수 있다. 내 안에서 빚어지는 것이라야 그 효과가 보존되고 놀라운 체험으로 간직하게 된다. 이상한 미신이나 빙의 같은 것도 아니다. 그저 마음의 원리를 잘 활용한 것에 불과하다. 인간이라면 누구나 할 수 있다. 그런 방법으로 누군가, 특히 부모를 용서하면 놀라운 일이 일어난다. 나를 지지해주고 격려해주는 큰 힘을 얻게 된다. 이미 돌아가신 분은 사차원 이상의 세계에 존재하기 때문에 언제 어디서나 나를 응원해 줄 수 있다.

절대, 내 부모는 용서 못 해! 이렇게 여기는 이가 있다면 아직 성숙의 때가 되지 않았기 때문이다. 안타깝지만, 들어오는 축복을 스스로 거대한 바리케이드를 치며 막고 있는 셈이다. 어떻게 그런 부모를 용서해? 가슴이 움직여지지 않아! 합리성을 따지는 용서일 경우도 마찬가지다. 사랑이 선택이듯이 용서도 선택이다. 때가 이르면, 여실하게 드러난다. 용서의 축복과 사랑의 은혜를 깨닫게 되는 것이다. 한번 용서를 했다고 끝나는 것은 아니다. 용서의 깊이가 깊어지

왕 놀이, 정말 재밌었어요.

고 넓어진다. 용서를 한 삶은 실천으로 이어질 많은 경우를 만나게 된다. 마음이 행동으로 이어질 때 내면의 빛은 제대로 발하게 된다. 여전히 문제는 산적되어 있더라도 용서의 힘은 그 문제를 뛰어넘게 한다. 피해서 도망가는 것이 아니다. 그 문제를 훌쩍 건너뛸 만큼 내면이 성장하게 된 것이다. 살아있다는 것은 용서할 용기를 낼 수 있는 기회인 셈이다. 그런 용서의 기회가 주어진 것이 바로 축복이다.

이런 의미를 담아서 파랑이 엄마한테 박수를 보냈다. 부부치료 시간이 길어지는 틈에 티나 선생님과 파랑이는 콜라주 놀이를 하고 있었다고 했다. 잡지에서 관심 있는 것을 종이에 오려 붙이고 있었다며 보여주었다. 파랑이는 학교에 가고 싶은 마음을 담아서 학교에서 쓰는 물건들을 붙이고 있었다. 한참 그렇게 하고 있는데 파랑이가 팬티에 변을 묻히더라고 했다. 티나 선생님은 화장실에 가서 팬티에 묻은 변을 파랑이 혼자서 처리하도록 알려주었다고 했다.

'마침 노래'를 하기 전, 마지막 과제를 알려주었다. 다음 회기 전까지 엄마 혼자만의 시간인 1박 2일을 보내보자고 했다. 그리고 칭찬 릴레이는 계속! 파랑이가 응가 게시판에도 '잘했어!' 스티커를 5개 이상 붙여올 것. 파랑이 공책에 '감사합니다'라는 글자를 알려주고 적되 엄마가 정해준 분량대로 행하면 별 다섯 개를 그려주고 칭찬을 많이 해주자고 했다. 그리고 파랑이 엄마가 자기 자신한테 하는

244

일곱 살 파랑이는 왜 기저귀를 떼지 못했을까?

특별 칭찬을 하루에 한가지씩 해오자고 했다.

파랑이가 치료실 문을 나서면서 콧노래를 부르며 말했다.

"왕 놀이, 정말 재밌었어요!"

열두 번째 만남

마지막 순간에 역전 홈런!

'여는 노래'로 함께 인사를 했다. 드디어 마지막 만남의 날이 된 것이다.

지난 한 주일 동안 어떻게 지냈는지 단어로 표현해보자고 했다. 파랑이 아빠는 '바쁘다'라고 했고, 엄마는 '지친다', 파랑이는 '심심하다'고 했다. 아빠와 엄마는 파랑이를 바라보고 웃으면서 우리도 좀 심심했으면 좋겠다고 했다. 파랑이는 그 말에 이어 나도 좀 지쳤으면 좋겠다고 해서 다 같이 크게 웃었다.

마지막 회기에 맞게 티나 선생님이 준비한 것은 '우리 가족 소망 나무 만들기'였다. 적당한 크기의 플라스틱 컵을 준비했다. 지난 2회기에 했던 것처럼 지점토로 똥 모양을 빚어서 컵 안에 넣었다. 그 위에 막대기를 꽂고 소망을 종이에 적어 열매가 달리게 했다. 파랑이의 열매도 직접 쓰도록 알려주었다.

파랑이 아빠는 '팬티가 깨끗해요' '배가 시원해요' '기분이 좋아져요'를 써서 달았다. 파랑이 엄마는 '반짝이는 보석 같은 파랑이' '햇빛에 반짝이는 나뭇잎 같은 가족'이라고 썼다. 파랑이는 '잘할 수 있어!'를 써서 달았다. 파랑이가 이 글자를 보지 않고 써서 폭풍 칭찬을 해주었다. 모두 그렇게 하고 나서는 다 함께 터치벨로 '소망나무' 노래를 불렀다.

소망 나무 바라보며 우리 가족 소망을 노래해요.

마지막 날이어서 1분 1초가 아쉽고, 벌써 그리워지는 것만 같았다. 우리 파랑이는 지난 일주일 동안 어떤 일이 있었을까. 쉬를 가린 것은 확실하지만, 변도 가렸을까? 그래야지만 학교에 갈 텐데, 그리고 이 프로그램을 한 효과가 나타날 텐데. 이런 초조와 부담이 아예 없는 것은 아니지만 놀랍게도 마음이 평온했다. 믿는 구석이라고는 파랑이도 부모도 아니었다. 오로지 이 일을 주관하신 신이었다. 신이 능히 하지 못 할 일이라곤 없다. 신의 뜻을 인간이 알 수도 없다. 다만 짐작하거나 따라갈 뿐이다. 그런데 이번에도 신을 추종하며 믿는 내 마음이 통할까?

들어봐야 했다. 파랑이가 지난 한 주일 동안 어떻게 했는지 물어보면, 이내 답을 알아낼 수 있다. 둥글게 모여 앉아서 '그동안 우리 파랑이가 이렇게 달라졌어요'와 '이제 이렇게 될 거예요'를 말하게 했다. 먼저 파랑이 아빠가 말했다.

"우리 파랑이는요. 기저귀를 찼었는데 이제 기저귀가 없어졌어요. 그리고 팬티에 응가를 안 묻히게 될 거예요. 지금은 변기에 앉아서 힘을 주는 것을 연습하고 있어요."

다음으로 파랑이 엄마가 말했다.

"기저귀를 보내고 파랑이가 팬티를 입기 시작했어요. 화장실에 가서 쉬를 직접 혼자서 잘해요. 이제는 심심하지 않게, 신나게 놀 수 있을 거예요."

나는 파랑이의 친구가 있는지 물어보았다. 파랑이가 직접 답했다.

"응, 있어요. 선우 형이랑 은비랑."

놀랍게도 파랑이는 존댓말을 하고 있었다. 그 사실을 말하며 칭찬해주었다. 이제 파랑이 차례였다.

"글을 처음부터 안 보고 썼잖아. '잘할 수 있어!' 그리고 새로운 음식을 먹기 시작했어요."

모두 파랑이한테 박수를 보냈다. 맞다. 맞는 말이다. 새로운 음식이라면 무엇인지도 말해보자고 했다. 생선과 무라고 했다. 대단하다고 엄지손가락을 들어 올리며 웃어주었다. 다음으로 티나 선생님

마지막 순간에 역전 홈런!

이 말했다.

"우리 파랑이가 선생님과 친구가 되었어요. 파랑이가 피아노에서 '도'음을 찾을 수 있고 연주도 할 수 있게 되었어요. 화장실에서 응가하고 닦는 법을 알게 되었어요. 앞으로 어린이답게 잘 자랐으면 좋겠어요. 친구들도 많이 사귀길 바랍니다. 앞으로 곧 학교생활을 해야 하니까 준비가 필요해요. 응가를 변기에 하기, 글씨 연습하기, 친구들하고 마음을 잘 나누기!"

이번에는 내가 말했다.

"우리 파랑이가 인사도 잘하게 되었어요. 응가와 기저귀라는 말을 해도 잘 듣게 되었어요. 석 달 동안 키가 커지고, 마음의 키도 자라났어요. 존댓말을 하기도 하고, 생각을 또렷하게 말하게 되었어요. 이제, 자신 있게 당당하게 자라났으면 합니다. 할 수 있어요!"

파랑이와 파랑이 엄마, 아빠와 석 달간 함께 해왔다. 높은 산맥을 오르내리고 호수를 건너왔다. 산맥은 겉과 속이 다른 적도 많았다. 겉으로는 그다지 깊어 보이지 않았지만, 막상 들어가니 험준하기 이를 데 없었다. 울창한 숲이 있었는가 하면, 가파른 지형 때문에 한 치 앞을 볼 수 없기도 했다. 서둘러 가다가 돌부리에 넘어지기도 했다. 그렇지만 낭떠러지에 굴러떨어지거나 치명적인 조난을 당하지도 않았다. 위기는 있었지만, 손을 잡고 그 순간을 무사히 넘어갔다. 호수를 건널 때는 마침 조각배가 있었고, 세차게 불던 바람도 숨을 고르고 있었다. 그렇게 순조롭게 여행을 할 수 있었던 것은 인간의 힘이 아니었다. 여행을 하고자 하는 간절한 염원은 있었지만, 매 순간 함께한 것은 신이었다. 때로는 잡았던 손을 뿌리치고 싶기도 했고, 부질없다고 여기기도 했지만, 결국 지금, 이 순간까지 오고야 말았다. 익숙한 감정의 흐름대로 상황을 제멋대로 판단하려는 고약한 버릇이 고개를 쳐드는 순간도 있었지만, 결국 나를 내려놓게 했다. 마음을 변하게 하는 그 놀라운 힘은 인간이 할 수 있는 게 아니다.

울창한 숲과 험준한 계곡과 건너왔던 깊은 호수들을 떠올렸다. 이제 여행의 목적지에 다 다르게 된 것인가? 아쉽게도 파랑이는 변을 가리지 않았다. 일주일 동안 변을 팬티에 지리기만 했을 뿐, 자발적으로 화장실에 가지도 않았다. 쉬를 하러 가는 것은 익숙했지만 그것만으로는 부족한 게 사실이다. 그렇다면 이 프로그램은 실패하고 만 것일까? 이토록 장대한 여행을 했는데도?

이제, 가족 조각을 세워보자고 했다. 가족 구성원들은 각자 하나의 조각이 되어 서 있도록 했다. 서로의 간격은 마음의 거리를 나타낸다고 일러주었다. 마음의 거리가 가까울수록 간격을 좁게 해서 서 있으면 된다. 다만 서 있는 것이 아니라 선 채로 마주 볼 수도 있고 등을 돌릴 수도 있다. 티나 선생님과 나는 조금 떨어진 채 파랑이네 가족들이 서로 의논해서 행하는 것을 지켜보았다.

　파랑이 아빠는 가족들이 다 함께 붙어있는 것이라고 했지만 엄마는 다르다며 서로 의견을 주고받았다. 이런 형태가 맞다, 아니다로 실랑이가 일어났다. 한참 동안 서로 이야기를 주고받다가 마침내 완성되었다. 파랑이와 엄마가 가까이에서 밀착해있고, 아빠는 멀찍이 섬처럼 떨어져 있었다. 파랑이와 엄마는 서로를 바라보고 있지만, 아빠는 멀리 아쉬운 눈으로 파랑이와 엄마를 바라볼 뿐이었다.

　"부산까지 떨어져 있어요! 그리고 등을 돌려요!"
　파랑이 엄마가 말하면서 아빠를 더 멀리 구석까지 가 있도록 했다. 파랑이 아빠는 머쓱한 표정으로 구석으로 등진 채 서 있게 했다.

　"이게요. 어떨 때는 편할 때도 있고…… 한편으로는 가족이 이래도 되나 싶기도 해요."
　파랑이 엄마의 말이 끝나기 무섭게 파랑이 아빠가 반박했다.

　"불편해요!"
　파랑이도 따라 했다.

"불편해요!"

불만이 가득한 목소리였다. 지금껏 이랬다는 것이다. 이 가족 조각은 순전히 파랑이 엄마의 생각이었다. 옥신각신했지만, 파랑이 엄마의 주장대로 행해진 것이다. 티나 선생님과 나는 그저 지켜보고만 있었다.

이번에는 원하는 가족상을 만들어보자고 했다. 파랑이가 엄마와 아빠의 손을 끌어당겨서 세워보라고 했다. 파랑이는 제일 먼저 구석에 가 있는 아빠의 손을 잡았다. 파랑이 엄마와 가까이에 마주 보도록 아빠 손을 당겨와서 세웠다.

"따뜻해서 좋아요!"

파랑이 아빠가 말했다. 파랑이는 활짝 웃으며 이렇게 말했다.

"발레 해야 해요."

그러면서 엄마와 춤을 추려고 했다. 곁에서 나는 다 함께 발레를 하자고 했다. 세 명이 함께 손을 잡고 빙빙 돌면서 '둥글게 둥글게' 노래를 불렀다. 신나게 빙빙 돌면서 '둥글게' 발레를 했다. 한동안 그렇게 놀다가 멈추고 앉아 보자고 했다.

현재의 가족상에서 원하는 가족으로 만들기 위해 어떻게 해야 할지 물어보았다. 엄마와 파랑이가 가까이 있는데 아빠는 부산까지

마지막 순간에 역전 홈런!

떨어진 채 그것도 구석으로 처박혀 있는 현재의 가족상을 다시 떠올려보자고 했다. 원하는 가족은 손을 잡고 '둥글게' 발레를 하며 신나게 지내는 가족이다. 어떻게 하면 원하는 가족이 될 수 있을까? 파랑이 아빠가 말했다.

"첫째로는요. 돈을 많이 벌어야 해요. 저는 무엇하나 집중하면 다른 것을 생각하기가 어려워서요. 생각을 분산하는 것이 잘 안 됩니다."

파랑이 아빠가 하는 택배 일이 고전을 면치 못하고 있는 듯했다. 금전적인 압박으로 힘들어하는 것이 느껴졌다. 그럴수록 내면의 에너지가 필요하다. 의미가 있다면, 어떤 상황과 일이든 헤쳐 나갈 힘이 생기기 마련이다. 나는 '우리 가족이 최고다!' 이 말을 따라 해보라고 했다.

"우리 가족이 최고다!"

파랑이 아빠가 힘차게 따라 했다. 이 말에 어떤 느낌과 생각이 드는지 물어보았다.

"늘 그렇게 생각하고 간직하고 있습니다. 실천이 잘 안되긴 하지만요. 마음이 없었던 것은 아닌데 실천은 잘하지 못했어요."

이번에는 파랑이 엄마가 말했다.

"저도 알아요. 그러니까 참아주지요. 사소한 것이라도 서로서로 관심을 놓지 않았으면 좋겠어요. 밥때가 되어서 밥 먹었냐고 한 번쯤 물어봐 주는 것도 관심이겠지요. 파랑이가 심심하면 어디 나갈까? 이렇게 말하는 것도요. 아플 때 어떤지 묻는 것도요. 말 한마디에도 온도가 있잖아요. 이렇게 저부터가 관심과 배려 있는 말을 해서 가족 모두에게 따뜻하게 해야겠다는 생각을 해보았어요. 마냥 기다리는 것이 아니라 제가 먼저 해야 한다는 걸 느꼈어요. 이제 우리는 따뜻한 가족이 되었어요."

파랑이 엄마의 말은 너무나 아름다웠다. 프로그램 초기에 했던 애매모호하고 자신이 없는 태도가 온데간데없이 사라지고 말았다. 받기만 하려 하면서 왜 안 주냐고 따지고 원망스러워하던 파랑이 엄마가 아니었다. 먼저 해야 한다는 멋진 생각을 하다니! 놀랍고 감사하다고 했다. 티나 선생님과 나는 동시에 손뼉을 치고 있었다.

확인 사살이 필요했다. 나는 파랑이 아빠한테 가족에 대한 것이 매사에 첫 번째라는 생각이 10점 만점에 어느 정도인지 솔직하게 물어보았다.

"10이요! 10!"
파랑이 아빠가 우렁찬 목소리로 말했다. 파랑이 엄마가 빙긋 웃

마지막 순간에 역전 홈런!

었다. 살면서 실천이 잘되지 않을 때도 있긴 하지만, 이 마음은 늘 변함이 없을 거라고 얘기해주었다. 변하지 않는 그 마음이면 된다. 그것 하나로 살아갈 힘을 내고, 힘들어도 극복할 수 있을 테니까. 진정 어린 마음이면 하늘과 땅이 알아주고, 도와줄 수밖에 없다. 그 것이 바로 마음의 법칙이다.

　이제 개인 치료실로 자리를 옮기자고 했다. 부부치료를 해오던 공간이다. 오늘은 마지막 회기니 부부치료를 하는 대신 심상 시치료 프로그램을 마무리하면서 느낀 소감을 적도록 했다. 파랑이 엄마가 글을 적겠다고 했다. 파랑이 아빠는 집단 치료실로 나와서 파랑이와 놀았다. 이제 쉬는 잘 가리고 있지만, 웅가는 아직 완전하게 가리지 못한 상태여서 이후로 부모님의 관심과 집중, 사랑의 에너지가 필요할 거라고도 했다. 마지막 한 주 동안 파랑이가 웅가까지 가렸다면 얼마나 좋았을까. 엄청난 축복과 칭찬의 세례를 받고 개운한 마음으로 축하해주었을 텐데. 아쉽지만, 그것은 억지를 낼 일이 아니었다. 어느 누구도 억지를 부린다고 될 일이 아니었다. 때가 필요했고, 그 절묘한 때는 머지않아 곧 찾아올 것이다. 그렇게 믿고 왔다. 단 한순간도 그때가 오지 않으리라고 생각한 적이 없었다. 지금, 당장이 아니어도 결국 그때가 올 것이다.

　파랑이 엄마가 편안하게 소감문을 쓸 수 있도록 나는 개인 치료실 문을 닫고 나왔다. 다 쓰게 되면 알려달라고 했다. 아빠는 파랑이와 동물 인형을 가지고 놀고 있었다. 파랑이는 사자를 잡고 어흥~ 하며 입을 크게 벌리고 있었다. 아빠는 코끼리 인형을 잡고 있다가 놓고는 코를 손으로 잡고 코끼리가 된 채 홀을 빙빙 돌았다. 파랑이 사자가 코끼리를 쫓아오니 코끼리는 코브라로 변신하고 말았다. 코브라의 긴 혀로 사자를 공격하고 있었다. 그때였다. 갑자기 파랑이가 이렇게 말했다.

"우리 언제 가? 5분 더 있어야 해?"

다음 순간 파랑이 아빠는 급히 파랑이를 데리고 화장실로 들어갔다. 방귀를 뀐 모양이었다. 아빠의 감각이 알아차릴 수 있는 멋진 포착이었다. 그러는 동안 여전히 파랑이 엄마는 안쪽 치료실에서 소감을 적고 있었다. 동시에 아빠는 화장실에서 파랑이를 응원하고 있었다. 할 수 있어! 해보자! 그래, 잘하고 있어!

티나 선생님과 나도 파랑이를 응원하고 있었다. 그래! 잘할 수 있어! 무수히 많이 적어왔던 글자처럼. 파랑이 엄마의 엄마가 하늘에서 이토록 간절하게 응원하고 있으니!

잠시 뒤였다. 파랑이 아빠는 엄마를 화장실로 오라며 불렀다. 파랑이 엄마가 화장실에 갔다가 나오면서 환한 얼굴로 다가왔다.

"해냈어요! 엄청 많은, 큰 응가를 했어요! 태어나서 처음이에요!

마지막 순간에 역전 홈런!

속이 다 시원합니다!"

눈물을 글썽이며 파랑이 엄마가 말했다. 파랑이는 마침내 금메달을 따고 말았다. 얼마나 많은 과정을 거쳐왔던가. 애타게 마음 졸이고 눈물로 밤을 지새워왔던가. 모든 과정들이 순식간에 휘리릭 우리 앞을 지나갔다. 다 함께 크게 환호하면서 박수를 보냈다. 파랑이는 마지막 순간에 홈런을 날린 것이다. 이 모든 것을 허락하고 인도한 신께 감사드릴 따름이었다.

변기 물을 내리고 나오는 파랑이한테 축하의 선물을 전달했다. 필통과 메달이었다. 파랑이 엄마는 참여 소감에 목표를 90퍼센트 달성했다는 부분을 서둘러 지우고는 100퍼센트, 라고 고쳐 적었다. 결국 파랑이는 해낸 것이다!

참여 소감 – 마음의 빛을 찾아서

파랑이 가족의 심상 시치료 '마음의 빛을 찾아서' 프로그램의 목적은 다음과 같습니다.

가족끼리 건강하고 조화로운 소통으로 아들 파랑이의 대소변 가리기를 해낼 수 있다.

본 12회기를 통해 심상 시치료 프로그램이 위 목적과 얼마 정도, 몇 퍼센트 부합되었다고 생각하는지, 또 그렇게 생각하는 이유는 무엇인지 솔직하게 적어보시기를 바랍니다.

: 90%. 기저귀를 떠나보내고 팬티를 입고, 스스로 화장실에 가서 쉬를 하게 되었지만, 아직 변기에 응가를 못 하고 있어요. 곧 100퍼센트가 될 것 같긴 해요. 길을 찾아주셨으니 나머지 10퍼센트는 엄마, 아빠의 몫인 것 같아요.
---> 100퍼센트! 대박! 이미 100퍼센트가 되었어요!

파랑이 가족의 심상 시치료 프로그램 '마음의 빛을 찾아

마지막 순간에 역전 홈런!

서'를 통해 얻게 된 점을 적어보시기를 바랍니다.

: 나를 돌아보게 되고, 파랑이 아빠의 마음도 돌아보게 되었습니다. 가족의 의미를 알게 되었고, 한층 서로를 더 알아가는 계기가 되었습니다. 시아와 티나 선생님, 마음을 나눌 수 있는 친구를 얻게 되었습니다. '나'라는 사람에 대해 더 궁금해지고 알아가는 계기가 되었어요. 마음의 빛을 찾아서 가는 길을 알게 되었어요. 미워하는 마음 없이 아낌없이 사랑을 줄 수도 있게 되었어요.

심상 시치료사한테 해줄 말씀을 자유롭게 적어주시기를 바랍니다.

: 마음을 나누어주셔서 너무나 감사해요. 내가 알지 못했던 내 행동과 말투, 생활 속에서의 '나'를 좀 더 정확하게 바라보도록 설명해주시고 인지시켜 주셔서 감사드려요. 나 자신에 대해서 생각을 많이 하게 되었어요.

에필로그

파랑이 뒷이야기.

파랑이는 학교에 입학했다. 가방을 메고 껑충거리며 엄마, 아빠의 손을 잡고 학교에 갔다. 파랑이가 험난한 산과 호수를 넘어왔다는 것을 대부분 잘 알지 못한다. 팬티를 젖는 일도 더 이상 없었다. 기적은 또 다른 기적을 불러온다. 파랑이는 처음부터 잘 해낸 것처럼, 아무렇지 않게 화장실을 드나들었다.

"왜 이렇게 쉬운 걸, 이제야 알려줬어? 그냥 밀어내면 되는 거였잖아!"
프로그램을 마치던 날, 치료실을 나서면서 파랑이가 이렇게 아빠한테 말했다고 들었다. 홈런 쳤던 그날 말이다. 그러니까 해놓고 보니 홈런이 별 게 아니었다는 사실을 알아차린 뒤부터 파랑이의 홈런은 계속되었다.

파랑이 엄마는 파랑이 뒤를 졸졸 따라다니던 때가 아주 먼 옛

날처럼 느껴진다고 했다. 파랑이 아빠의 사업은 자리를 잡아 나가는 중이었다. 파랑이 엄마도 함께 택배 일을 할 정도로 물량이 많다고 했다. 이제 느긋해졌다고, 새로 태어난 것 같다고 파랑이 엄마가 말했다. 파랑이는 친하게 지내는 친구들이 생겨나서 살판났다고 한다. 그 친구와 과학원 견학도 다녀왔다고 한다. 파랑이 아빠가 간혹 보여주는 파랑이 사진은 갈수록 몰라볼 정도로 커가고 있었다.

참, 파랑이가 활약한 이야기를 좀 더 꺼내야겠다. 심상 시치료를 마친 7개월 뒤 티나 선생님은 결혼을 했다. 파랑이는 턱시도를 입고 분홍 장미꽃잎을 뿌리며 결혼식 무대에 등장했다. 티나 선생님의 결혼식 동영상에서 파랑이는 일곱 살, 아니 갓 여덟 살인 모습으로 영원히 남아있다.

나가는 글

마음 여행의 터널을

빠져나오며

이 책은 여행을 기록한 글입니다. 마음 여행을 완주한 아주 독특한 기록이지요. 여행을 하기에 마음의 대지는 늘 평탄하지만은 않습니다. 여정 또한 쉽지 않지요. 바닥을 알 수 없는 웅덩이에 빠지기도 하고, 깊은 동굴을 헤매기도 합니다. 어둑해진 길 위에서 엄습하는 불안에 몸서리치기도 합니다. 그렇더라도 포기하지 않고 여행을 멈추지 않다 보면 깨닫게 됩니다. 피하지 않고 어둠 속을 걸어가다 보면 결국에는 빛을 만날 수 있다는 사실을요. 그러니 어둠의 정체는 동굴이 아니라 터널입니다. 어떤 곳에서 시작해 다른 곳으로 넘어갈 수 있는 터널 말입니다. 결국 터널을 통과하는 것이야말로 성장이라는 사실 또한 깨닫게 됩니다. 그것은 어둠 안으로 들어가서야 비로소 경험할 수 있는 일입니다.

처음 가보는 길이 그렇듯 신기하고 두렵습니다. '마음 여행'도 그렇습니다. 마음 안으로 들어간다니 어쩐지 썩 마음이 내키지 않았

나가는 글

습니다. 그렇지만 고생하면서 오른 곳에는 놀랄만한 장관이 눈앞에 펼쳐져 있었습니다. 훌륭한 풍광이 그렇듯이 신의 놀라운 작품을 마주하게 된 것입니다. 그리고 이내 모든 것에 신의 숨결이 스며들어 있다는 것을 알아차리게 됩니다.

여행은 험난한 산과 깊은 호수, 거침없이 흐르는 계곡물과 엄격해 보이는 바위를 만나기도 합니다. 가파르고 좁은 길, 질척이는 진흙과 뾰족한 돌멩이가 널려 있는 길을 걸어가야만 합니다. 그렇게 걷다 보면 마침내 터널과 마주치게 됩니다. 한 걸음을 터널 안으로 내딛습니다. 어둠이 한가득 담긴 터널이지만, 걸어 나갈 용기를 낼 수 있었던 건 우연이 아니었습니다. 마치 지금 이 책을 펼쳐 든 여러분과 저, 혹은 만나기 이전부터 이미 만난 여러분과 저처럼요. 그렇게 터널 끝에 다다르면 점차 퍼지는 환한 빛 안으로 들어서게 됩니다. 그러니 결국 이 마음 여행의 목적지는 바로 '빛'인 셈입니다.

인간의 마음에는 '빛'이 존재합니다. 인간의 속명 '호모'에 빛이라는 라틴어를 붙이면 '호모룩스Homo lux'가 됩니다. 이 특별한 여행을 함께할 수 있어서 정말 기쁩니다. '호모 룩스'의 아우라를 만나러 오신 당신의 손을 가만히 잡아 드립니다.

마음 여행은 사실 설렘보다 두려움이 컸습니다. 내 마음을 도무지 나도 종잡을 수가 없을 때가 많았기 때문입니다. 마음 안에

일곱 살 파랑이는 왜 기저귀를 떼지 못했을까?

도대체 뭐가 있을지 몰라서 바깥에만 시선을 돌리곤 했습니다. 이유를 밖에서 찾자니 안으로는 셀 수 없이 많은 불평과 불만이 쌓여만 갔습니다. 세상은 비틀어지고 냉혹하고 모순투성이였지요. 마음 따위는 팽개치고 해야 하는 일에만 집중하기도 했습니다. 때로는 하던 일도 무의미해져서 포기하고 싶기도 했습니다. 그러니 마음 여행은 엄두도 낼 수 없는 여행이었습니다.

그렇게 엉망진창으로 살았던 내게 마음 여행 티켓이 주어졌습니다. 욕심만 가득 찬 내 손에 도대체 누가 놓아두었을까요? 티켓은 유통기한이 분명했습니다. 내가 숨 쉬고 있는 동안이었습니다. 그때가 언제까지인지는 모르겠지만 말입니다. 유통기한이 아직 남아있던 어느 날, 용기를 내어 마음 여행을 떠났습니다. 생각한 것보다 더 끔찍했고 더 아팠지만, 찬란했습니다. 터널을 마주할 때는 걸음이 얼어붙어서 앞으로 더 나아갈 수도 없었지요. 어둠은 나를 옥죄고 걸음을 멈추라고 명령을 내리는 듯했지만, 그것은 사실이 아니었습니다. 내가 어둠에 짓눌러서 어둠에 복종하며 타협하려고 든 것이었지요. 그것을 알아차린 순간부터 걸음에 가속이 붙기 시작했습니다. 절대 걷힐 것 같지 않던 암흑이 서서히 옅어졌습니다. 그것은 터널 끝에서 매달려있던 빛 때문이었습니다. 빛은 어둠을 콕 찌르는 바늘만 하다가 점점 커지고 있었습니다. 걸어갈수록 빛은 바늘에서 방망이, 접시, 공, 달 모양으로 변해갔습니다. 암흑이

나가는 글

입을 막으며 뒷걸음질 치고, 빛은 마침내 '문'이 되어서 맞이해 주었습니다. 그것은 놀랍게도 새로 태어난 순간이기도 했습니다. 아름답고 고귀한 순간이었지요. 지금, 이렇게 '마음의 빛 여행기'를 손에 들고 함께 온 당신도 이 문을 통과하고 있습니다.

터널을 통과한 이 독특한 여행담은 끝이 아닙니다. 주어진 삶만큼, 성장을 응원하는 기운을 담고 터널들이 존재합니다. 하나의 터널을 통과할 때마다 장중하고 고귀한 선율로 연주하는, 들리지 않는 하늘의 오케스트라를 만나게 됩니다. 여기, 빛의 문 어귀에 이르러 울려 퍼지는 축복의 화음에 발을 맞춰서 우리 함께 행진해 볼까요?